그 사람을 머릿속에서 지우는 방법

2025년 11월 5일 초판 발행
2025년 11월 5일 초판 1쇄

지은이 스가와라 미치히토
옮긴이 김경림·권인옥
발행인 조완희
발행처 나남출판사
주소 10881 경기도 파주시 회동길 193, 4층(문발동)
대표전화 (031) 955-4601
FAX (031) 955-4555
등록 제406-2020-000055호(2020.5.15.)
홈페이지 http://www.nanam.net
전자우편 post@nanam.net

ISBN 979-11-92275-31-4 04180
  979-11-971279-3-9 (세트)

이 책의 판권은 저자와 나남에 있습니다.
책의 내용을 재사용하려면 반드시 양측의 동의를 받아야 합니다.

책의 본문에는 을유1945 서체를 사용하였습니다.
책값은 뒤표지에 있습니다.

그 사람을
머릿속에서
지우는 방법

스가와라 미치히토 지음
김경림 · 권인옥 옮김

NANAM
나남출판

ANO HITO WO, NO KARA KESU GIJUTSU
by Michihito Sugawara

Copyright © Michihito Sugawara 2025
All rights reserved.

Original Japanese edition published by SUNMARK PUBLISHING, INC.
Korean translation rights arranged with SUNMARK PUBLISHING, INC.
through Tony International

Korean translation copyright © Nanam Publishing House 2025

이 책의 한국어판 저작권은 Tony International을 통해
SUNMARK PUBLISHING, INC.와 독점 계약한 ㈜나남에 있습니다.
저작권법에 의해 한국 내에서 보호를 받는 저작물이므로 무단 전재 및
복제를 금합니다.

원수를 위해 화로를 너무 뜨겁게 달구지 마라,
너 스스로 타 버릴 수도 있으니.
― 윌리엄 셰익스피어

예를 들어, 정말 싫어하는 사람이나 만나기 불편한 사람이
있다고 생각해 봅시다. 그 사람이 눈앞에 있을 때뿐 아니라
떨어져 있을 때도, 잠자리에 들어서도, 온종일 머릿속을
떠나지 않습니다.

이렇게 되면 어떻게든 그 사람을 멀리하고 싶어집니다.
그 사람의 단점을 떠올리기도 하고, 깎아내릴 방법을
고민하기도 하고, 그 사람을 통제하기 위해 주변 사람들을
내 편으로 끌어들이려고도 합니다. 그러다 어느 순간
이런 생각이 듭니다.

'혹시, 내가 못된 사람인가?'

이대로 그 사람과 함께 있다 보면 나 자신까지 싫어하게
될지도 모릅니다. 이런 우울한 생각을 한 번이라도
한 적이 있다면 그 사람을 멀리하는 것이 좋습니다. 상대가
부모님이든, 배우자든, 친구든, 상사든, 은사든, 후배든 간에,
자신의 마음을 갉아먹으면서까지 함께할 필요는 없으니까요.

그렇다 한들, 그 사람에서 물리적으로 멀어지기 어려운
순간도 많습니다. 그렇다면 적어도 그 사람이 눈앞에 없을
때만이라도 머릿속에서 지워 버릴 수 있다면
좋겠다고 생각합니다. 없는 존재로 취급하는 거죠.

뇌의 구조를 이해하면 충분히 가능합니다.

차례

프롤로그
우리는 왜 자꾸만 싫어하는 사람을 떠올리게 될까?

- 015 그 사람에게 시달리는 사람들
- 019 멀어지고 싶어도 멀어질 수 없는 사이
- 025 '중요하지 않아'라고 판단하는 훈련

1장
잠들지 못하는 고민의 밤

- 031 월요병의 이유
- 038 시어머니 생각에 머리가 지끈거린다면
- 043 그 사람 내보내기 전략
- 051 **1장 마무리** 그 사람이 자꾸만 떠오르는 것은 뇌 속 편도체 때문?!

2장
왜 그 사람이 머릿속에서 떠나지 않는 걸까?

- 055 '신경 쓰지 마'는 최악의 조언
- 062 뇌는 기억하기보다 잊어버리기를 더 어려워한다
- 066 왜 밤이 되면 더 불안해지는 걸까?
- 071 **2장 마무리** 뇌는 그 사람을 쉽게 잊지 못한다

3장
그 사람을 머릿속에서 지우는 7가지 테크닉

- 076 영화화 테크닉
- 079 글쓰기 테크닉
- 082 리프레이밍 테크닉
- 085 시간제한 테크닉
- 089 지금, 여기 테크닉
- 092 신체화 테크닉
- 096 언어화 테크닉
- 100 7가지 테크닉의 조화로운 활용
- 103 **3장 마무리** 실천! 7가지 테크닉

4장
좋아하는 일을 찾으면 그 사람을 잊을 수 있다

- 107 '나를 위해' 살아가는 법
- 112 '즐거운 일'을 찾으면 그 사람을 잊을 수 있다
- 115 그 사람이 3주 만에 사라졌다
- 119 **4장 마무리** 그 사람이 드디어 사라졌다!

5장
잠든 사이 그 사람이 머릿속에서 사라졌다

- **123** 밤만 되면 그 사람이 떠오르는 이유
- **126** 우리는 꿈을 꾸며 감정을 정리한다
- **128** 잠을 자도 그 사람이 머릿속에서 떠나지 않는다면?
- **132** 건강한 수면 주기를 만드는 생활 습관
- **138** 규칙적인 생활로 건강하게 잠들기
- **145** **5장 마무리** 그 사람을 사라지게 하기 위해서는 '잠'이 중요하다

6장
마음을 편안하게 만드는 5가지 뇌 훈련법

- **149** 4-7-8 호흡법으로 편도체 진정시키기
- **152** 마음챙김으로 편도체의 긴장 풀기
- **156** 가벼운 운동으로 편도체 안정시키기
- **158** 감사 연습으로 긍정적인 편도체 만들기
- **161** 생활 습관 개선으로 튼튼한 편도체 만들기
- **163** **6장 마무리** 훈련을 통해 긍정적이고 건강한 뇌 만들기

7장
실천! 나를 힘들게 하는 그 사람 대처법

- 167 '엄격한 상사' 대처법
- 170 '건방진 후배' 대처법
- 172 '나를 싫어하는 당신' 대처법
- 175 '무심한 남편' 대처법
- 178 'SNS 중독' 대처법

8장
행복한 삶을 살기 위해 가장 중요한 것

- 185 내 마음이 편해야 상대의 마음이 보인다
- 189 무엇이 사람을 행복하게 만드는가
- 192 그 사람이 마음을 여는 순간

- 199 **에필로그** 당신의 마음에 볕이 들기를
- 203 **역자 후기** 머릿속에서 그 사람을 지울 수 있을까?

누구에게나 '가능하면 엮이고 싶지 않은 사람'이
한두 명쯤 있을 것이다.

프롤로그

우리는 왜 자꾸만 싫어하는 사람을 떠올리게 될까?

그 사람에게 시달리는 사람들

"선생님, 저는 그 사람을 떠올리는 것만으로도
컨디션이 안 좋아져요."

클리닉에 방문하는 환자 중에는 이런 고민을
털어놓는 사람이 꽤 있다.
나는 뇌신경외과 의사로 두통, 어지럼증, 불면증,
건망증 등을 진료한다. 환자들 중에는 검사를 해도
뇌에 이상이 발견되지 않는 사람도 많다.
그리고 외래 진료를 하다 보면 종종 환자들로부터
사적인 고민 이야기를 듣게 되곤 한다.

"저를 너무 힘들게 하던 상사가 있었는데, 겨우
부서를 옮기게 되어 다행이라고 생각했어요. 그런데
몇 달 뒤, 그 사람이 절 쫓아왔다는 듯이 같은 부서로
이동해 왔어요. 정말 우울하고 또 우울해요…."

"단독주택에 살고 있는데, 주말만 되면 옆집 마당에서
연기가 날아와요. 집주인 취미가 바비큐 파티인지,
주말마다 사람들을 불러서 이것저것 굽는 것
같더라고요…. 그 집 나뭇가지가 저희 집

마당으로 넘어오는 것도 싫어요. 그렇다고 직접
이야기하자니 괜히 부딪히게 될까 봐 고민이에요."

이렇게 두통, 어지럼증, 불면 등의 증세로 병원을
찾는 환자 중에는, **사실 특정한 사람에 대해 지나치게
고민하다 병이 난 사람들이 놀라울 정도로 많다.**

뇌신경외과 의사들은 검사에서 별다른 이상이
발견되지 않지만 증상을 분명히 호소하는 경우를
자주 접하게 된다.

예를 들어, 어떤 여성은 새로 부임한 상사를
떠올리기만 해도 극심한 두통에 시달린다고 했다.

"저는 일 자체는 좋아해요. 하지만 아침부터
그 사람 얼굴만 보면 종일 긴장이 풀리지 않아요.
그는 사소한 실수도 그냥 넘어가지 않아요.
이메일에서 한 글자만 틀려도 회의 중에 실명을
언급하며 지적하거든요. 선생님, 최근 들어서는
일요일 밤이 되면 다음 날 그 사람을 또 봐야 한다는
생각에 토할 것 같은 기분이 들어요."

다른 사례로, 어떤 남성은 출근길에 후배 얼굴을
떠올리기만 해도 머리가 지끈거린다고 호소했다.

"같은 팀 후배인데, 늘 자기 실수를 다른 사람
탓으로 돌리곤 해요. 제가 그 후배의 지도 선임이라
조언해 주려고 했지만 전혀 들으려 하지 않더라구요.
오히려 뒤에서 '저런 얘기 다 듣다가는 일을 할 수가
없다', '선배라는 사람이 제대로 알지도 못하면서
참견한다'고 떠들고 다닌다는 말을 들었어요.
같은 층에서 일하는 다른 부서 직원이 '그 후배가
○○씨에 대해 꽤 심한 말을 하고 다니더라' 하고
알려 준 적도 있었어요."

이야기는 계속 이어진다.

"처음에는 '아직 어리니까'라고 생각하며 넘겨
보려 했는데 점점 팀 분위기까지 나빠지고….
이제는 다른 직원을 지도할 때도 망설이게 됩니다.
매일 아침 엘리베이터에서 그 후배와 마주치는 것도
싫어서 일부러 30분 일찍 출근하게 되었고요.
선생님! 머리가 아픈 건 단순히 스트레스
때문일까요? 두통약을 먹어도 나아지지 않아요…."

가족이 스트레스의 원인이 되는 경우도 적지 않다.
어머니와의 관계 때문에 고민하는 여성도 있었다.

"저희 어머니는 일주일에 두 번은 꼭 저희 집에
오셔서 가사나 육아 방식에 대해 잔소리를 하세요.

'아이 키우는 방식이 잘못되었다', '나 때는 이랬다' 등등…. 현관 초인종이 울릴 때마다 혈압이 오르는 게 느껴져요. 남편은 그냥 무시해도 괜찮다고 하지만, 그래도 제 어머니인데 그럴 순 없잖아요. 최근에는 속상해서 아이 앞에서도 눈물이 나더라고요."

또한, 결혼 10년 차인 어떤 남성은 아내와의 관계가 한계에 다다른 것 같다고 말했다.

"제가 무슨 말을 해도 '그래서?'라고 말하는 표정이에요. 그리고 '당신이 벌어오는 돈이 적으니까 생활이 불안정하다', '다른 남편들은 더 열심히 한다'는 말을 입버릇처럼 해요. 집에 들어가는 게 너무 싫어요. 현관문을 열 때마다 느껴지는 긴장감을 더 이상 견딜 수가 없어요…."

멀어지고 싶어도
멀어질 수 없는 사이

인생에는 분명 '가능하면 엮이고 싶지 않은
사람'이 한두 명쯤은 있을 것이다.

권위적인 상사, 건방진 후배, 골칫거리 동료,
까다로운 시부모나 장인·장모, 비판적인 부모,
마음이 통하지 않는 배우자처럼. 이들과의 관계
때문에 괴로워하는 시간은 우리 인생에서 결코
적지 않은 부분을 차지한다.
**그리고 모르는 사이에 그 사람이 뇌 속에 깊이
뿌리 내리고 나를 지배하기도 한다.**

가능하면 멀어지고 싶지만, 멀어질 수가 없어요.

현대 사회에서 마음에 들지 않는 사람과의 관계를
완전히 끊어버리는 것은 무척 어려운 일이다.

회사를 그만둔다.
이직한다.
이사한다.
이혼한다.

물론, 이 또한 하나의 해결책이 될 수 있다.
괴로울 때는 도망치는 게 좋다는 조언도 흔히
들려온다. 하지만 인간관계 문제로 힘들 때마다
이런 중대한 결단을 내리는 것은 현실적으로 쉽지
않다. 특히 그 사람이 일상 속 가까운 존재라면 더욱
어려운 일이다.

그렇다면, 대체 어떻게 하면 좋을까?

그 사람을 물리적으로 사라지게 하는 것은 쉽지
않은 일이다. 그러니, 머릿속에서 사라지게 만들면
된다. 뇌과학적 접근을 바탕으로 머릿속에서 그를
지울 수 있다.

"정말 그런 게 가능한가요?"라고 묻는다면,
가능하다.

**정확히 말하면 그 사람의 존재가 우리 뇌에 미치는
영향을 최소화하는 것이다.**

그 열쇠를 쥐고 있는 것이 우리 뇌 속 편도체이다.

나는 30년 넘게 인간의 뇌를 연구해 왔다.
수술을 통해 직접 뇌를 치료하기도 하고,
최신 영상 진단 장비로 상태를 관찰하기도 한다.

그렇게 연구하던 중 흥미를 불러일으키는 부분이 바로 편도체의 움직임이었다.

편도체는 감정의 중추라고도 불리며, 특히 공포나 불안, 분노 등의 감정을 처리하는 중요한 역할을 맡고 있다.

예를 들어, 앞서 이야기한 환자들의 증상 — 두통, 위통, 불면증, 구토 등 — 은 편도체가 그 사람을 위험한 존재로 인식하여 과잉 반응하기 때문에 발생한다.
그 사람을 생각하는 것만으로도 컨디션이 나빠지는 것은 편도체가 우리를 지키기 위해 지나치게 활발히 움직이기 때문이다. 좋은 의도의 경계 신호가 오히려 우리를 고통스럽게 만드는 상태라고 할 수 있다.

그렇지만, 긍정적인 측면도 존재한다.
뇌에는 편도체의 과잉 반응을 억제하는 훌륭한 기능도 있기 때문이다.
다만, 이 기능은 스스로 움직이기를 기다리기만 해서는 충분한 효과를 발휘하지 못한다. 의식적으로, 또는 과학적으로 이 기능을 활용해야 한다.

사실 나 또한 편도체의 폭주로 고생했던 적이 있다.

막 의사가 되었을 때, 담당하는 입원 환자 수가 늘
스무 명에서 서른 명 정도였다. 환자들의 상태는
시시각각 변한다. 그러니 '지금 어떠실까', '조금
회복되셨을까' 하는 마음으로 환자들의 얼굴을
떠올리며 생활하는 것이 일상이었다.

이는 의사로서 당연한 일이지만, 곤란한 상황에
처하기도 했다. 환자들을 필요 이상으로 지나치게
걱정하게 되면서, 온종일 환자들의 얼굴이
머릿속에서 떠나지 않게 된 것이다.
그 얼굴들은 잠들기 직전에도, 잠에서 깬 순간에도,
점심식사를 하면서도 머릿속에서 떠나지 않았다.
가장 곤란했던 것은 수술을 집도할 때였다.

뇌신경외과 수술은 매우 섬세한 작업이다.
몇 밀리미터만 빗나가도 뇌에 손상을 입힐 수 있다.
이처럼 눈앞의 환자에게 집중해야 하는 중요한
상황에서 다른 환자를 떠올리지 않으려 애쓰는
것이 정말 쉽지 않았다.
그럴 때마다 신경이 예민해져 개인적인 갈등도
자주 발생했고 그런 일들이 수술에 영향을 주지
않도록 업무에 집중하는 것이 어려워졌다. 당시의
나는 집중력을 키우는 수밖에 없다고, 제대로 된
의사가 되려면 이런 시련을 이겨내야 한다고
생각했다.

하지만 지금 돌이켜 보면 편도체의 과잉 반응에
휘둘린 것에 지나지 않았다.
그러던 중, 획기적인 발견을 하게 되었다.
편도체를 연구하다가 편도체를 통제하는 기술을
알게 된 것이다. 처음에는 연구 대상이었던 뇌의
특성을 고민 해결에 적용해 볼 수 있지 않을까
생각했을 뿐이었다.
그런데 실제로 놀라운 효과가 있었다.

싫어하는 상사의 목소리가 들려와도 편도체에
'중요하지 않아'
라고 인식시키는 법을 찾아냈다.

또 불쾌한 기억이 떠올라도
'과거에 일어났을 뿐인, 지금과는 무관한 일'
로 여기는 기술도 습득하게 되었다.

머릿속에서 지운다는 것은 결코 마법 같은
이야기가 아니다. 이는 기억을 완전히 지워 버리는
방법이 아니다. 그저 편도체의 반응을 적절한
수준으로 조절하는 기술일 뿐이다.

'그 사람 때문에 그렇게까지 고민하지 않아도 돼.
이미 일어난 일은 어쩔 수 없으니, 지나치게 자책할
필요도 없어.'

스스로 그렇게 생각할 수 있도록 뇌를 통제하고,
자신을 몰아세우지 않도록 한다.
이렇게 머릿속에 들러붙은 그 **사람**의 존재를
가볍게 만들 수 있다.

'중요하지 않아'라고
판단하는 훈련

그 사람의 존재를 머릿속에서 지우는 것에 대해
좀 더 자세히 이야기해 보겠다.
우리 뇌는 매일 막대한 양의 정보를 처리한다.
지금 이 순간에도 우리의 뇌는 다양한 정보를
받아들이고 있다. 방의 온도, 의자의 감촉, 멀리서
들려오는 소리, 눈에 보이는 다양한 물체의 형태와
색깔까지.

하지만 우리는 보통 이 정보들을 받아들이고 있다는
사실을 의식하지 않는다. 만약 모든 것을 의식하며
살아가게 된다면, 온갖 일들이 마음에 걸려 견디기
어려울 것이다.

그렇다면 인간은 어떻게 세계의 작은 부분들을 의식하지
않은 채 살아갈 수 있는 걸까?

**그것은 편도체를 포함하여 감정을 제어하는 시스템이
'중요한 정보'와 '중요하지 않은 정보'를 자동으로
구분하고 있기 때문이다.** 뇌는 중요하지 않은 정보는
의식의 중심에서 멀어지게 하고, 중요한 정보만

자각하고 기억하도록 작동하고 있다.
그 사람을 머릿속에서 지우기 위해 이러한 뇌 기능을 활용하자는 것이 이 책의 핵심이다. 스트레스를 주는 그 사람에 대한 정보를 중요하지 않다고 판단하도록 서서히 훈련하는 것이다. 이러한 훈련을 통해, 그 사람은 '사무실 에어컨 소리' 정도로 가벼운 존재가 될 것이다. 가까이 있어도 편도체가 과잉 반응하지 않고, 마음을 괴롭히지도 않게 될 것이다.

이 책에서 소개할 방법들을 실제로 실천한 분들로부터 다음과 같은 감상을 들을 수 있었다.

"예전에는 아침부터 그 사람 얼굴이 떠올라 우울했는데 지금은 '아, 있구나' 하고 인식하는 정도가 되었어요." (32세, 여성 회사원)

"지하철에서 뭔가를 생각할 때, 그 사람에 대한 고민으로 머릿속이 가득 차는 일이 없어졌습니다. 편도체를 컨트롤하는 방법을 알고 나서 인생이 바뀌었습니다." (45세, 남성 공무원)

"밤에 잠에서 깨어 그 사람과의 대화를 떠올리며 후회하는 일이 없어졌어요. 괴로운 기억이 '그냥 기억'이 된 거지요." (38세, 여성 경영인)

'그 사람을 머릿속에서 지우는 방법'은 편도체 사용법을 최적화하여 더욱 효율적이고 쾌적하게 생활할 수 있도록 도와준다.

이 책에서는 '편도체의 효율적 활용법'을 과학적 근거와 함께 이해하기 쉽게 풀어가고자 한다. 30년 넘게 쌓아온 의사로서의 경험과 개인적인 체험을 바탕으로 고안한 방법들이 여러분의 인생을 더욱 풍요롭게 만든다면 그보다 기쁜 일이 없을 것이다.

그럼 이제, '머릿속에서 그 사람 지우기'라는 새로운 체험 여행을 함께 떠나 보자.

머릿속에서
그 사람
지우기 대작전!

이불 속에서 몇 번을 돌아누워도 잠들지 못하고,
핸드폰을 봐도 생각이 멈추질 않는다.
정신을 차리고 보면, 시곗바늘은 새벽을 가리키고 있다.

1장

잠들지 못하는 고민의 밤

월요병의 이유

....

왜 그런지 모르겠지만 오늘은 아침부터 우울해.
이 회의실에 들어오면 갑자기 피곤해지는 것 같아.
밤에 자려고 누우면 그 사람 생각이 떠나질 않아.

누구나 한 번쯤 무심코 느끼는 위화감. 특히 밤에
혼자 있을 때 그런 감정에 더 민감해지기 쉽다.
잠자리에 들어 이제야 하루가 끝났다고 느끼는
순간, 낮의 대화가 불현듯 떠오른다.

그때 이렇게 말했더라면 좋았을까.
다른 대응을 했다면….
그 사람, 속으로 나를 어떻게 생각하고 있을까?

생각하면 생각할수록 머릿속이 어지럽다.
누군가의 얼굴과 목소리가 무한히 반복 재생되며
머릿속에서 떠나질 않는다.
이불 속에서 몇 번을 돌아누워도 잠들지 못하고,
핸드폰을 봐도 생각이 멈추질 않는다. 정신을 차리고
보면, 시곗바늘은 새벽 시간대를 가리키고 있다.

내일은 중요한 회의가 있는데.
빨리 자야 하는데.

그렇게 생각하면 할수록 초조해져서 더 잠들지
못하게 된다. 다들 한 번쯤은 그런 적이 있으리라
생각한다.

그리고 다음과 같이 생각해 본 적도 있을지 모른다.

월요일 아침이면 왠지 마음이 무겁다.
이유도 없이 어떤 곳에 가고 싶지 않다.
어쩐지 의욕이 생기지 않는 날이 있다.
카페에서 미팅을 하면 왠지 바로 자리를 뜨고 싶어진다.
지하철에서 갑자기 기분 나빴던 일이 생각난다.

언뜻 보면 이러한 상황들은 별다른 공통점이
없어 보인다. **하지만 되짚어 보면, 특정한
누군가가 머릿속을 차지하고 있을 때 떠오르는
생각일지도 모른다.**
이를 알아차리는 순간, 가슴이 답답해지는 이유가
선명히 드러나기도 한다.
그 사람을 머릿속에서 사라지게 만들 수 있다면,
우리의 일상은 크게 바뀔 수 있다.

시스템엔지니어인 다나카 씨(35세, 남성)는 고민이 있었다.

"월요일이 되면 항상 컨디션이 안 좋아집니다. 머리가 무겁고 일에 집중할 수 없어요. 처음에는 그냥 피곤해서 그런 거라고 생각했지만 이상하게도 월요일에만 그렇더라고요."

그는 사내 의무실의 의사로부터 '스트레스가 원인일 수 있다'라는 말을 듣고 매일의 컨디션을 기록해 보기로 했다. 메모장에 컨디션이 좋은지 나쁜지를 간단하게 기록했다.

"식사나 수면의 질은 평소와 다르지 않은데, 왜 그런지 월요일만 되면 몸이 안 좋아요. 아무래도…."

기록을 시작한 지 한 달이 지난 어느 날, 다나카 씨는 중요한 사실을 깨달았다. **월요일은 신입사원인 무라타 씨와의 정기 미팅이 있는 날이었다.**

입사 13년 차의 베테랑 시스템엔지니어인 다나카 씨는 후배 지도로 정평이 나 있어 그가 교육한 많은 부하직원들이 프로젝트 리더로 활약하고 있다. 그는 온화한 성격으로, 신입사원이 실패해도 "누구든 처음에는 모를 수 있지"라고 말해 주며 따뜻하게 격려하는 인품을 가졌다.

그러고 보니 그 사람 일로 고민이었지….

입사 반년 차인 무라타 씨는 명문 대학원을 졸업한 신입사원으로, 프로그래밍 지식도 풍부하고 새로운 기술에도 정통하다.

학생 시절부터 프로그래밍 대회에서 여러 번 수상하기도 했고, 신입사원으로서는 뛰어난 기술력을 갖추었다. 하지만 실적에 따른 자신감 때문인지 자신의 생각을 굽히지 않는 완고한 태도를 보이곤 했다. 다나카 씨가 팀 개발에서는 모두에게 익숙한 코드를 사용하는 것이 중요하다고 조언해도, "제가 쓴 코드의 처리속도가 빠릅니다"라고 하며 반론을 제기했다.

다나카 씨는 스스로 암시하듯 이렇게 되뇌었다.

"상사와 부하직원 관계도 다양할 수밖에 없겠지. 무라타는 건방진 구석도 있지만 그 점이 그를 강하게 만들기도 하고. 나도 예전에는 시건방진 행동을 했었으니까."

지금까지 다나카 씨는 젊은 직원들의 주장을 적절히 수용하며 팀 개발 문화를 차근차근 가르쳤고, 팀원들을 성공적으로 지도해 왔다. 하지만 무라타 씨에게는 이 방식이 통하지 않았다.

강한 척하고 혼자 버텨 보려 했지만, 반복되는 상황에 대한 스트레스는 하루하루 커져만 갔고 결국 건강이 나빠지고 말았다.

"월요일 컨디션이 엉망이었던 원인이 무라타 씨와의 관계 때문이라는 것을 알게 되자 이상하게도 마음이 편해졌어요. 지금까지는 저도 모르는 사이에 그 사람 일로 머리가 가득 차 있었어요. 휴일에도 다음 주 회의에서 또 반대하고 나설지도 모른다고 생각하며 문득문득 그를 떠올리고 있었습니다. 마치 제 머릿속에 그 사람이 살고 있는 것 같아서 너무 싫었습니다."

원인을 알지 못해 막연한 마음이었을 때에 비해 원인을 알게 된 후의 스트레스가 대처하기 쉬운 법이다.

다나카 씨는 지금까지 수첩에 메모해 왔던 컨디션 기록을 되짚어 보면서 무라타 씨를 대하는 방식을 다시 생각해 보기로 했다.

"저는 '일 잘하는 상사', '부하들을 이해하는 상사'라는 이미지에 지나치게 집착하고 있었던 것일지도 모릅니다. 그 사람이 반론할 때마다 엔지니어로서의 자존심에 상처를 입었는데, 그렇지 않은 척하고 있었던 거죠."

이를 깨달은 뒤 다나카 씨는 무라타 씨와의 정기 미팅 전에 항상 15분 정도 여유를 가지고 회의실에 들어가게 되었다. 커피를 마시면서 그날의 회의 안건에 관해 정리하는 시간을 갖기 위해서다.

"이전에는 미팅 중에 언쟁이 생기지 않도록 일부러 두루뭉술하게 지시했습니다. 하지만 지금은 해야 할 말은 명확하게 전달하고 양보할 수 없는 부분은 분명하게 설명합니다. 대신 무라타 씨의 제안에도 이전보다 더 귀 기울이게 되었습니다."

그러자 조금씩이지만 변화가 나타나기 시작했다.

"며칠 전 무라타 씨가 '처리속도를 유지하면서 팀의 방침에 맞춘 코드를 새로 만들어 보았습니다'라고 하는 겁니다. 나름대로 양보하면서 맞춰 주려고 하는 거지요. 그걸 알게 된 것만으로도 큰 발전을 했다고 생각합니다. 왠지 그 사람이 귀엽게 느껴진달까… 하하."

그런 마음가짐을 유지하자, 얼마 후 더욱 중요한 변화를 확인할 수 있었다.

"그러다 알게 되었습니다. 최근, 휴일에 무라타 씨를 생각하지 않고 있다는 것을. 월요일 미팅도 평범한 주간 업무 중 하나가 되었고요. 지금까지 머릿속에서 끊임없이 빙글빙글 돌고 있던 그 **사람**의 존재가 마치 안개 걷히듯 사라진 겁니다."

월요일마다 찾아오던 두통도 어느 틈엔가 말끔히 사라졌다.

"컨디션 기록을 하기 잘한 것 같습니다. 그저 기분 탓으로 돌리고 있었다면 지금도 무라타 씨 생각으로 머릿속이 가득 찼겠지요. 지금은 업무 시간에만 그 사람을 생각하게 되었습니다. 이제야 그가 제 머릿속에서 나가 준 겁니다."

잠들지 못하는 고민의 밤

시어머니 생각에
머리가 지끈거린다면

마음이 답답해지는 원인이 가정에 있는 경우도 있다. 가정주부인 사토 씨(43세, 여성)는 매월 같은 시기에 정해 놓은 듯 컨디션이 나빠진다.

"매월 말이 되면 욱신욱신 죄는 듯한 두통이 찾아옵니다. 약국에서 판매하는 두통약을 먹어도 별로 효과가 없어요. 남편은 스트레스 해소를 위해 취미라도 가져 보라고 하지만…. 갈수록 상태는 더욱 악화되고, 월말이 다가오면 한밤중에 잠이 깨어 좀처럼 잠들지 못하는 날이 늘고 있습니다."

사토 씨에게는 초등학교 4학년 딸과 2학년 아들이 있다. 아이를 키우면서 학부모회 임원활동도 하고 있으니, 매일을 충실히 보내고 있는 것처럼 보인다.

사토 씨는 언제나 완벽하다니까.

"친구들은 이렇게 이야기하지만 사실 전 완벽과 거리가 멀어요. 최근 1년 동안은 왠지 늘 피곤하고, 집안일을 하다가 멍하니 있기도 하고…."

그러던 중, 딸을 학원에 데려다 주던 길에
컨디션 기록하기를 권유받았다. 다른 아이의
어머니가 이야기해 준 방법이었다.
그래서 매일의 컨디션과 그날 있었던 일을 핸드폰
캘린더에 간단하게 메모해 보기로 했다. 단순한
메모였음에도, 기록을 시작하고 나서 알아차린
것이 있었다.

매일의 기록을 되짚어 보니 항상 매월 넷째 주
토요일 전후에 두통이 있었다. 그리고 그날은,
시어머니가 사토 씨네 집에 방문하는 날이었다.

사토 씨의 시어머니 미치코 씨는 30년 넘게
마을 요리교실을 운영해 왔다. 일흔을 앞두고
있지만, 꼼꼼하고 빈틈이 없어서 칼질부터
뒷정리까지 모든 것이 완벽하다. 결혼 초부터
사토 씨는 시어머니의 살림 솜씨를 동경해 왔다.

"시어머니가 만드는 명절 음식은 마치 광고에
나오는 것처럼 완벽해요. 그믐날 한밤중까지
조림의 간을 맞추고, 다음 날 아침 일찍 마룻바닥의
광을 내는 사람입니다. 저는 명절 음식을 백화점에서
사 오지만요…."

사토 씨는 결혼 전에 어린이집 교사로 일했다.

아이들과 잘 놀아주는 선생님이었고, 지금도 아들
친구들을 모아 놓고 동화 구연을 해 주곤 한다. 하지만
집안일에는 늘 자신이 없었다.

된장국은 매일 만들고 있지?
아이들 책상을 더 말끔히 정리하면 좋을 것 같은데.
냉장고 안이 엉망이네. 일주일에 한 번은
유통기한 체크해야지.

시어머니 말씀은 한 마디 한 마디 모두 맞는
말이었지만, 들을 때마다 우울해질 수밖에 없었다.

시어머니는 걱정하는 마음에 아들 부부의 집을
매월 방문하신다. 하룻밤 묵으면서 냉동식품을
손수 만든 음식으로 바꿔놓거나, 부엌 수납장을
정리하곤 했다. 지인들도 아들을 아끼고 잘 챙기는
시어머니의 성격을 잘 알고 있었다.

"며칠 전에도 제가 만든 된장국을 드시고는
'국물을 더 제대로 우려야지'라고 말씀하시더라고요.
그리고는 새삼스레 국물 우리는 법을 알려 주시고….
분명 좋은 뜻으로 하신 말씀이겠지요. 하지만 정신
차리고 보니 시어머니가 오시기 며칠 전부터 집안
정리와 식사 메뉴에 대해서만 생각하고 있었어요.
전날 밤에는 '내일은 무슨 지적을 당할까', '냉장고

한 번 더 체크해야 하는데'라고 생각하며 잠들지
못하는 거죠."

하지만 사토 씨는 시어머니를 싫어하지 않는다.
오히려 시어머니의 완벽한 살림 솜씨를 마음 깊이
존경했다. 아이들도 할머니가 해 주신 밥이 맛있다며
매월 할머니의 방문을 기대하고 있다.

"그런데 기록을 하고 나서 알게 되었죠. 모르는
사이에 제 머릿속에 쭉 시어머니의 그림자가
있었다는 걸. 집안일을 할 때도 '당신이라면 어떻게
하실까'라고 생각하고 있더라고요. 시어머니가 제
일상 깊숙이 스며들어 있었던 겁니다."

다나카 씨와 마찬가지로 사토 씨도 기록을 시작하고
나서 조금씩 변화하기 시작했다. 우선 시어머니가
방문하시기 전날에는 좋아하는 음악을 듣거나
아이들과 공원 산책을 하는 등 의식적으로 긴장을
풀기 위해 노력했다.

**완벽을 추구하기보다는, 스스로 페이스를 유지하는
것에 집중했다.**

"이상한 일이죠. 시어머니의 존재를 지나치게
의식하고 있다는 것을 인식하고부터는 조금씩이지만

머릿속에서 시어머니의 모습이 옅어지는 느낌이
들었어요. '이러면 괜찮을 것 같아'라며 방법을
찾아가고, 저 자신을 다독이게 되었습니다."

시어머니의 언행은 이전과 달라지지 않았다.
**변화한 것은 사토 씨가 그 말들을 받아들이는
방식이었다.**

"시어머니의 의견은 의견대로 듣고, 받아들일 만한
것은 받아들입니다. 하지만 그 이외의 일로 고민하지
않게 되었습니다. 무엇보다 밤중에 잠들지 못할
정도로 생각에 빠지는 일은 없어졌어요. 시어머니의
존재가 내 머릿속에서 '딱 적당한 거리'로 이동한
듯한 느낌이에요."

이처럼 우리의 머릿속을 차지하고 있는 그 사람의
존재를 인식하기 위해서는 어떤 형태로든 기록하는
것이 도움이 되곤 한다. 다음으로는, 좀 더 구체적인
방법에 대해 이야기하고자 한다.

기록하다 보면
마음이 편안해져.

그 사람 내보내기 전략

기록한다고 해서 특별한 도구를 살 필요는 없다.
실제로 오랫동안 기록을 이어온 사람들의 대부분이
주변에 있는 것을 활용했다.

다나카 씨는 수첩을 사용했다.

"일할 때 쓰는 수첩의 스케줄표 구석에 작게
표시만 하면 됩니다. 회의 중간에도 슬쩍 체크할 수
있고, 아무도 눈치 채지 못하지요. 매일 열어 보는
수첩이니 어쩌다 쓰는 걸 깜박해도 다음 날 그날
어땠더라, 하고 기억을 더듬어 기록했습니다."

가정주부인 사토 씨는 부엌에 걸어 놓은
벽걸이 달력을 활용했다.

"처음에는 가족들이 볼까 신경이 쓰였어요.
그러다 날짜 옆 구석에 'O', '△', '×'라고 작게
적어 보았어요. 아이들한테는 '엄마의 건강
마크'라고 설명했죠. 초등학생인 아이들이 '오늘
엄마는 동그라미네!'라고 말해 주기도 해요.

이렇게 기록하면서 제 컨디션을 객관적으로 살필 수 있게 되었습니다."

그리고 전부터 일기를 쓰는 습관이 있는 스즈키 씨(28세, 여성)는 이렇게 말했다.

"저의 일기는 특별한 형식이 있는 것도 아니고 그날 느꼈던 점을 자유롭게 작성하는 스타일입니다. 그런데 일기를 쓰다 보니 이상하게도 어떤 한 사람의 이름이 빈번하게 등장하고 있었어요. 게다가 그 사람에 대한 이야기 뒤에는 항상 '잠을 잘 수가 없었다,' '배가 아프다'라는 등의 부정적인 말들이 쓰여 있었죠. 깨닫고 나서 저도 깜짝 놀랐습니다."

이처럼 기록을 되짚어 보며 생각지 못한 사실을 발견할 때가 있다.
특히 다음과 같은 패턴을 확인하게 된다면,
주의가 필요한 상황일지도 모른다.

특정 요일, 또는 매달 특정 시기에 컨디션이 나빠진다.
특정 상대와의 약속 전후에 기분이 처진다.
누군가와 만나기로 한 전날부터 왠지 불안하다.
특정 장소에 가는 날에는 항상 컨디션이 안 좋다.
밤에 특정인에 대한 생각으로 머릿속이 가득 찬다.

이러한 반응은 우리 뇌의 특수한 부분과 관련되어 있다. 바로 '편도체'라고 불리는 부분이다. **편도체는 감정이나 기억을 처리하는 기관으로, 주의가 필요한 인물에 관한 정보를 기록하는 것이 특기이다.** 우리가 누군가를 지나치게 신경 쓰는 것도 이 편도체가 무척 활발하게 일하고 있기 때문이다.

우리 뇌 속 편도체가 과도하게 반응하고 있지 않은지, 그 사람을 과도하게 신경 쓰고 있지 않은지 다음 체크리스트를 통해 알아볼 수 있다.

그 사람 민감도 체크리스트

다음의 10개 항목 중 해당하는 것에 체크해 봅시다.

- [ ] 그 사람 목소리가 들리면 무의식적으로 말투나 태도가 바뀐다.
- [ ] 얼굴만 봐도 왠지 피곤해지는 것 같다.
- [ ] 잠들기 전에 그 사람과의 대화를 떠올리며 생각에 빠진다.
- [ ] 만날 예정이 있는 날에는 일정과 관계없는 시간에도 불안해한다.
- [ ] 그 사람한테서 온 메일이나 전화는 나중으로 미루게 된다.
- [ ] 우연히 그 사람을 발견하면 다른 길로 가고 싶어진다.
- [ ] 가족이나 친구와의 대화에서 그 사람에 대한 이야기가 나오면 나도 모르게 말투가 날카로워진다.
- [ ] 휴일인데 문득 그 사람이 떠올라 울적해지거나 짜증이 난다.
- [ ] 그 사람과 같은 공간에 있으면 평소보다 더 피곤해진다.
- [ ] 누군가 그 사람의 이름을 꺼내면 화제를 돌리고 싶어진다.

【 민감도 체크 결과 】

3개 이상

당신의 머릿속에 누군가 머물기 시작했을 가능성이 있습니다.

빨리 인식하면 충분히 대처할 수 있습니다.

5개 이상

그 사람이 당신의 머릿속에 눌러앉아 있는 단계입니다.

구체적인 대책을 세우기 적당한 타이밍입니다.

7개 이상

당신의 뇌는 그 사람에게 점령당한 상태입니다.

이 책의 가이드를 참고하여 머릿속에서 그 사람을 지워 갑시다.

※ 이 체크리스트는 어디까지나 깨닫기 위한 과정입니다.

　체크한 항목의 개수에 상관없이 계속해서 답답한 마음이라면,

　이 책에 나오는 가이드를 실천해 보시기 바랍니다.

체크리스트까지 완료했다면, 머릿속을 가득 채우고 있는 그 **사람**의 존재가 흐릿하게나마 보이기 시작했을 것이다.

후배 직원 때문에 힘들어 했던 다나카 씨는 기록을 시작한 후부터 생각이 바뀌었다고 한다.

"원인을 알게 된 것만으로도 마음이 편해졌습니다. 지금까지는 저를 나약한 사람이라고 생각하며 자기혐오에 빠지기도 했습니다. 하지만 이런 것들이 뇌의 자연스러운 반응이라는 것을 깨닫고 나서는 '어떻게 하면 그 **사람**과 잘 지낼 수 있을까' 라는 긍정적인 생각을 하게 되었습니다."

시어머니 때문에 고민하던 사토 씨도 이렇게 이야기했다.

"계속 마음이 답답했던 이유가 보이기 시작했어요. 저만 그런 것은 아니라는 것을 알고 안심했고요. 이제부터 이런 감정을 어떻게 풀어가야 할지 방법을 알고 싶어졌어요."

일기를 쓰던 스즈키 씨는 다음과 같이 덧붙였다.

"기록해 놓은 것을 다시 읽어 보니, 그 **사람**에 대한 생각을 너무 많이 해서 제 시간을 빼앗기고 있었던 것 같아요. 그래서 지금은 조금씩이라도 원래대로 되돌아가고 싶어요."

어째서 그 사람이 머릿속에서 떠나지 않는 걸까? 어떻게 하면 그 사람을 머릿속에서 지워 버릴 수 있을까?

다음 장부터는 구체적인 방법에 관해 이야기하고자 한다. 편도체의 기능을 이해하고 통제하기 위한 과학적 접근법에 대해서 상세히 알아보도록 하자.

우리 머릿속 공간은 온전히 우리들의 것이다.
그 소중한 공간을 타인이 점유하게 해서는 안 된다. 그 사람을 머릿속에서 지우고 본래의 '나 자신'을 되찾는, 구체적인 방법을 차근히 소개해 보고자 한다.

1장 마무리

그 사람이 자꾸만 떠오르는 것은 뇌 속 편도체 때문?!

TIP!

◇ 편도체가 그 사람을 위험한 존재로 인식하고 있습니다.
그 사람을 머릿속에서 지우려면 편도체를 제대로
통제해야 합니다.

◇ 수첩, 노트 등에 기록하는 습관을 들이면 자신을 괴롭히던
그 사람의 존재를 깨닫게 되고, 점차 마음이 편해질 것입니다.

◇ 월요일마다 컨디션이 안 좋아진다는 것은 그 사람이
머릿속을 맴돌고 있다는 신호입니다.

편도체는 '이 사람은 위험한 존재다'라고 판단하면,
그 사람에 관한 정보를 중요한 기억으로 보존하게 된다.

2장

왜 그 사람이 머릿속에서 떠나지 않는 걸까?

'신경 쓰지 마'는 최악의 조언

그 사람한테 너무 신경 쓰지 마세요.
신경 끄면 그만일 텐데.
너무 깊게 생각하는 것 같은데, 무시하는 게
좋지 않을까?

그 사람에 대해서 누군가에게 고민을 털어놓으면
이와 같은 말을 듣곤 한다.

상대는 힘들어하는 사람에게 도움이 되었으면
하는 마음으로 조언해 주는 것이겠지만, 듣는
입장에서는 그렇게 간단히 해결될 문제가 아니다.
신경 쓰고 싶지 않은 마음이야 두말할 것도
없으나 도저히 신경을 꺼 버릴 수가 없다. 생각하지
않으려고 하면 할수록 그 사람 생각이 머릿속에서
떠나질 않게 된다.

'신경 쓰지 마세요'라는 말은 사실 뇌과학적으로 볼
때 최악의 조언이다. 오히려 역효과가 나기 쉽다.
**사람의 뇌는 '신경 쓰지 마'라고 명령할수록 그 대상을
떠올리는 구조로 작동하기 때문이다.**

1987년, 대니얼 웨그너(Daniel Merton Wegner) 박사는 획기적인 실험을 진행했다. 이 실험 결과는 훗날 '흰 곰 효과'로 전 세계에 알려지게 된다.

실험은 참가자들을 두 그룹으로 나누어 각각 다른 방에서 다른 지시를 내리는 방식으로 이루어졌다. 한 그룹에게는 "지금부터 5분 동안 흰 곰을 절대로 생각하지 마세요. 혹시라도 머릿속에 흰 곰이 떠오르면 종을 치고 어떤 생각을 했는지 이야기해 주세요."라고 지시했다.
또 다른 그룹에게는 "지금부터 5분간 자유롭게 흰 곰을 생각하세요. 머릿속에 흰 곰이 떠오르면 종을 치고 생각한 것에 대해 말해 주세요."라고 지시했다.

흰 곰을 생각하지 말라고 지시받은 그룹과, 자유롭게 생각하라고 지시받은 그룹을 관찰하고, 흰 곰에 대해 얼마나 생각했는지 조사했다. 결과는 놀라웠다.

생각하지 말라고 지시받은 그룹의 참가자들은 평균적으로 1분에 7번이나 흰 곰에 대해 생각했다고 보고했다. 이는 자유롭게 생각하라고 지시받은 그룹의 약 두 배에 달하는 수치였다. 게다가 실험 후 인터뷰에서는 **'필사적으로 생각하지 않으려고 할수록 흰 곰의 이미지가 더욱 선명하게 떠올랐다'**는 이야기가 잇따랐다.

웨그너 박사는 이 현상을 '리바운드 효과' 또는
'역설적 사고 억제'(Paradoxical effects)라고
명명하고, 논문을 발표했다. 이 발견은 인간의
사고와 감정에 관한 연구에 큰 영향을 미치게 된다.

또한, 기능적 자기공명영상법(fMRI)을 사용한
연구에서도 생각하지 않으려는 의식 자체가 역으로
뇌의 특정 부위를 활성화시킨다는 사실이 밝혀졌다.
그러므로, 직장에서의 인간관계나 가정 내 문제로
스트레스를 받을 때 신경 쓰지 않으려 노력하는
방법은 도리어 역효과를 낳기 쉽다.

그렇다면 그 **사람**은 우리 머릿속에서 어떤 과정을
거쳐 '중요한 사람'이 되는 것일까?

뇌의 전두전피질이 '이건 생각하면 안 돼'라고
명령할수록 편도체는 **그렇다면 이건 중요한 정보군**
이라고 인식하여 더욱 그 내용을 기억하려 애쓴다.

전두전피질은 인간의 의지에 의한 사고를 통제하는
부위로, 무언가를 의식적으로 '생각하지
말아야지'라고 마음먹을 때 활발하게 움직인다.

문제는 편도체가 이 부위의 활발한 움직임을
중요한 정보라는 신호로 받아들이게 된다는 점이다.

편도체는 이 신호를 받으면 '중요한 정보를 놓쳐서는 안 된다'라는 본능적 판단으로 그 정보에 민감하게 반응한다.
즉, 전두전피질이 의식적인 제어를 시도하면 할수록, 편도체는 그 사람에 관해 더욱 예민해질 것이다.
이러한 뇌의 메커니즘은 우리의 모든 일상에 영향을 미치고 있다.

예를 들어, 회의 중에 '오늘은 되도록 상사의 얼굴을 보지 말아야지'라고 생각하면 오히려 시선이 그를 향하게 된다. '보지 말아야지'라는 지시를 실행하기 위해 뇌가 상사의 존재를 끊임없이 감시하기 때문이다.

마찬가지로, '오늘 저녁 식사 때 시어머니에 대한 이야기는 꺼내지 말아야지'라고 결심하고 나면 왠지 모르게 대화가 자연스레 시어머니에 대한 이야기로 흘러가게 된다. '화제로 꺼내지 말자'는 목표를 달성하기 위해서 뇌가 시어머니와 관련된 화제를 계속해서 체크하고 있기 때문이다.
또한, 휴일에 '오늘은 과장님 생각은 하지 말아야지'라고 마음먹는 순간, 과장님과의 대화가 머릿속에서 다시 재생되기 시작한다. 이 또한 동일한 메커니즘에 의한 현상이다.

그러므로 다음과 같은 악순환이 계속될 수밖에 없다. 이런 문제를 대체 어떻게 해결해야 할까?

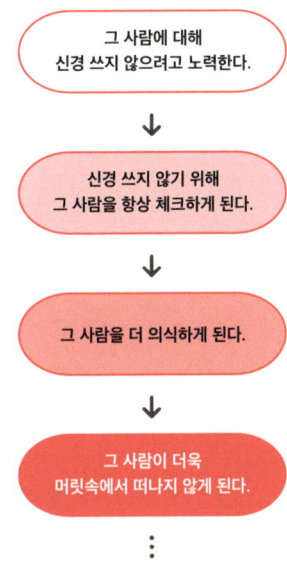

정답은 발상의 전환에 있다.

신경 쓰지 않으려 노력하는 것이 아니라, 머릿속에서 지우는 것이다. 이는 단순한 언어유희가 아니다. 뇌과학적으로 볼 때 둘 사이에는 커다란 차이가 있다. '신경 쓰지 않으려 노력하는' 접근법은 항상 그 대상을 의식하는 것을 필요로 한다. 반면 '머릿속에서 지우는' 접근법은 편도체의 반응 자체를 바꾸어 나가는 방법이다.

구체적으로 말하자면, 편도체는 '이 사람은 위험한 존재다'라고 판단했을 때 그에 관한 정보를 중요한 기억으로 보존하게 된다. 그리고 그 사람과 관련한 정보를 습득할 때마다 경계 신호를 계속 보낸다. 그러므로 신경 쓰지 않으려 노력하게 되면 뇌는 끊임없이 위험 신호를 보내는 상태가 된다.

한편, 머릿속에서 지운다고 생각하고 접근하면 그 사람은 특별히 주의할 필요가 없는 존재라는 사실을 편도체에 재학습시키게 된다. 경계 신호 자체를 약화시키고, 지금까지의 엄격한 경계태세를 해제시키는 것이다.

우리 뇌는 '신경 쓰지 말라'는 부정적 명령은 처리하기 어려워하지만 '다른 상태로 전환하라'는 긍정적 명령은 잘 처리한다. 운동선수가 '실패하면 안 돼'라고 부정적 상황을 의식하는 대신 '이렇게 하면 성공할 거야'라고 생각하며 이미지 트레이닝을 하는 것과 매우 유사하다.

이제 '머릿속에서 지운다'는 새로운 접근법에 대해 더 자세히 살펴보고자 한다. 우선 왜 특정인이 우리 머릿속에 깊이 각인되어 버리는 것인지, 그 메커니즘을 이해해야 한다.

뇌는 기억하기보다
잊어버리기를 더 어려워한다

왜 그 **사람**이 우리 머릿속에 깊이 각인되는 것일까?
사례를 살펴보며 메커니즘을 이해해 보자.

신입사원인 야마다 씨는 입사한 지 3개월이 되었지만
아직 부서 분위기에 잘 적응하지 못하고 있다. 특히
어려운 점은 과장님과의 관계이다.

며칠 전, 주간 정기 미팅에서 야마다 씨가 작성한
자료 설명에 다소 이해하기 어려운 부분이 있었다.
이에, 과장님은 부드러운 말투로 "좀 더 자세히
설명하는 게 좋았을 것 같네요."라고 조언해 주셨다.
엄하게 지적한 것도 아니었고, 과장님의 자상함을
느낄 수 있을 정도였다.

하지만 그 후로 야마다 씨는 회사 복도에서 과장님과
마주칠 때마다 그때 과장님의 말과 표정이 선명하게
떠오른다고 했다.
'다른 식으로 설명했다면 더 좋았을 텐데', '과장님은
나를 어떻게 생각하고 있을까'라고 생각하기
시작하면 밤에도 잠을 못 이룰 정도였다.

뇌는 '기억하는 것'보다 '잊는 것'을 더 어려워한다.

이는 생존을 위한 기능이다. 인류가 집단을 이루어 살기 시작했을 때부터, 타인과의 관계는 생존에 커다란 영향을 끼쳐 왔다.
제한된 자원을 나눠 갖고 협력하며 생활하는 데 있어서 **누가 신뢰할 수 있는 상대이며 누가 경계해야 할 상대인지를 판단하고, 이를 기억하는 것은 매우 중요하다.**

이러한 기억 시스템의 중심에는 편도체가 있다. 편도체는 '이 상황을 주의해야 해'라고 인식하면, 상황을 뇌리에 깊이 새기려 한다. 이는 한 번이라도 위험한 상황을 겪었던 장소나 상대를 잊지 않기 위한 것으로, 생존을 위해 매우 중요한 기능이다.

과장님이 부드럽게 조언하였다고 한들, 야마다 씨의 편도체는 상사의 평가를 중요한 사건으로 인식했고, 그 기억을 또렷하게 유지하려 했다. 이 때문에 주위 사람들이 보기에는 사소한 일이었음에도 그에게는 당시 상황이 계속해서 선명하게 떠오르는 것이다.

우리의 뇌는 특히 일터에서 있었던 일을 기억에 뚜렷이 새기려는 경향이 있다. 이는 직장이 우리의 생존, 즉 생활의 기반과 직결되어 있기 때문이다.

상사나 동료와의 관계는 개개인에 대한 평가나 직무 유지, 나아가 커리어 형성에까지 큰 영향을 끼친다. 이에 편도체는 직장에서의 사소한 일들도 '생존에 관한 중요한 정보'로 인식하게 된다. 야마다 씨가 과장님의 조언을 지나치게 신경 쓰는 것도 그리 특별한 일이 아니다. 오히려 뇌가 정상적으로 움직이고 있다는 증거에 가깝다.

뇌가 그 일을 선명히 기억한다는 것이 그 기억에 휘둘리며 살아가야 함을 의미하지는 않는다.

야마다 씨의 경우, 과장님과의 일이 머릿속에서 사라지지는 않겠지만, 그렇다 해서 그 기억이 항상 의식의 중심에서 불안과 긴장감을 불러일으키도록 둘 필요는 없다.

이는 우리가 과거에 넘어져서 다친 장소를 기억하고 있는 것과 비슷하다. 그곳을 지나갈 때마다 '여기서 넘어졌지'라고 생각할 수 있지만, 그렇다고 매번 그 기억에 동요되거나 그 길을 피해서 지나갈 필요는 없는 것이다.

그런데 편도체는 때때로 과잉 반응을 하기도 한다. 과장님이 무심코 던진 한마디를 중요한 경고로 받아들이고 이 기억을 '아주 중대한 위기 정보'로 머릿속에 보존하려고 하는 것이다.

그 결과, 복도에서 과장님과 마주칠 때마다 긴장하거나, 귀가하고 나서도 밤에 과장님이 이야기하는 장면이 머릿속에서 떠나지 않기도 한다. 이러한 편도체의 과잉 반응은 현대 사회에서 종종 우리를 괴롭히는 원인이 된다. 원시 시대에는 생존에 도움이 되었던 '기억 시스템'이 우리의 일상생활에 지장을 주게 된 것이다.

왜 밤이 되면
더 불안해지는 걸까?

밤에 혼자 있으면 낮에 있었던 일들이 생생하게 떠오를 때가 있다. 이는 우리의 뇌가 휴식 시간에 그날 있었던 일을 정리하고 필요한 정보를 기억으로 확실히 남기려 하기 때문이다.
밤이 되면 뇌에서 기억과 관련된 부분(해마와 대뇌피질)이 협력하여 그날 체험했던 일들을 정리한다. 이때 뇌는 감정을 동반한 일을 중요하다고 판단하여 더욱 강렬히 기억에 남기고자 한다.

주변이 고요해지고 잠자리에 들 때, 야마다 씨는 오늘 있었던 일을 되짚어 보았다. 그때 과장님과의 대화가 자연스레 떠올랐다.

과장님의 표정.
목소리의 톤.
주위 사람들의 시선.
회의실의 분위기까지.

이러한 기억은 편도체의 작용으로 마치 고화질 영상처럼 선명하게 남는다.

더구나 수면 중에 뇌는 그날 겪은 일들을 정리하고, 특히 감정을 동반한 기억을 오랫동안 남기기 위해 확실하게 정착시킨다.
그리고 우리는 이를 '장기 기억'이라고 부른다.

잠자는 동안, 뇌는 중요한 정보를 몇 번이고 곱씹으며 오래 기억되게 만든다. 그 결과, 다음 날 아침에도 과장님과의 일이 머릿속에 선명하게 남아 있게 된다.

2023년 10월, 일본 자연과학연구기구·생리학연구소 아게쓰마 마사카즈(揚妻正和) 부교수 연구팀은 이와 같은 '기억의 정착 메커니즘'에 대한 중요한 발견을 해냈다. 쥐를 대상으로 한 실험에서 스트레스를 유발하는 일을 경험하면 뇌 안에 기억을 처리하는 신경세포 네트워크가 형성된다는 것을 밝혀낸 것이다.

특히 흥미로운 점은 이 네트워크에 허브가 되는 중심 기억이 존재한다는 사실이었다. 허브는 마치 국제공항과 같이, 중심지로서 많은 노선이 연결되어 있는 곳을 말한다. 기억의 경우에도 가장 강하게 인상에 남은 사건이 허브가 되고, 여기서부터 다양한 관련 기억들이 나뭇가지처럼 뻗어 나가게 된다.

야마다 씨의 머릿속에서는 과장님께 지적받은
사건이 허브가 되어, 과거의 유사한 경험이나 미래에
대한 불안 등 갖가지 생각들이 가지를 치며 뻗어
나갔다.

지난주 회의에서도 제대로 설명하지 못했던 게 아닐까?
지난달 기획서도 과장님께 수정 지시를 받지 않았나?

이런 식으로 관련된 기억들이 줄지어 떠오르고 만다.

하나의 불안이 다른 불안한 기억을 떠올리게 해서,
불편한 마음이 눈덩이처럼 커져 버렸던 기억이
하나쯤은 있을 것이다.

**이는 허브가 되는 '중심적인 불안'이 존재하기 때문에
일어나는 현상이다.**

이와 같이 우리의 뇌는 기억하기보다 잊어버리기를
더 어려워한다. 그렇기 때문에 기억의 구조를
이해하고 제대로 컨트롤하는 방법을 찾아내야 한다.
우리의 목적은 '완전하게 지우는 것'이 아니다.
이는 매우 어려운 일이고, 또 필요하지도
않다. 그보다는 기억의 영향력을 약화시켜야 한다.

기억은 기억으로 남겨 두면서도 휘둘리지 않는 상태를 만들어가는 것이 중요하다. 이것이 바로 우리가 바라는 '머릿속에서 지우기'의 본질이다. 우리의 뇌는 '잊지 않기' 위한 놀라운 시스템을 갖추고 있다. 앞서 말했듯, 낮에 경험한 일들은 고요한 밤에 정리되어 잠자는 동안 확실히 기억 속에 새겨진다.

또한 뇌는 비슷한 기억들을 서로 연결하여 연쇄적으로 이어 나간다. 이러한 기억 시스템은 인류의 생존을 위해 필수적이었다.

위험한 장소나 경계해야 할 상대를 잊지 않는 것.
중요한 경험을 확실히 기억하는 것.
이들 기억을 조합하여 새로운 상황에 대응하는 것.

이러한 기억의 힘이 있었기에 우리 선조들은 여러 위기를 극복하고 살아남을 수 있었다. 그러나 현대 사회에서 이 기억 시스템은 때때로 과도하게 기능하고 있다.

상사의 부드러운 지적, 동료의 사소한 말 한마디, 거래처와의 짧은 대화. 일상에 심각한 영향을 끼칠 만한 일이 아니지만, 편도체는 이를 '중요한 위기 정보'로 인식하여 강렬한 기억으로 남기곤 한다.

그 결과, 밤이 되면 쓸데없는 걱정이 머릿속에
맴돌아 잠들지 못하게 된다. **문제는, '잠 못 드는
시간'이 기억을 더욱 선명하게 만든다는 것이다.**
잠을 자지 않고 그 일에 대하여 계속 생각하게 되면,
뇌에서 '그만큼 중요한 일'이라는 신호를 보내 더욱
강렬한 기억으로 만들어 버리기 때문이다. 이렇게
기억과 불안의 연쇄작용이 일어나게 된다.

이것이 바로 많은 현대인이 '머릿속에서 떠나지
않는다'거나 '생각에 몰두하게 된다'는 고민을 겪는
원인이다. 생존을 위해 발달한 기억 시스템이
얄궂게도 우리 생활의 질을 떨어뜨리고 있는 것이다.

그렇기에 더욱, '기억을 머릿속에서 지우는' 방법이
필요하다.

이는 결코 기억을 완전히 삭제하는 것이 아니며,
그보다는 편도체의 과잉 반응을 컨트롤하여 기억에
휘둘리지 않는 상태를 만들어내는 것이다.
뇌과학의 발전은 우리에게 중요한 힌트를 주고 있다.
다음 장에서는 구체적인 방법을 다루고자 한다.

2장 마무리

뇌는 그 사람을
쉽게 잊지 못한다

TIP!

◇ '신경 쓰지 않는다'가 아니라 '머릿속에서 지운다'는 것이 핵심입니다.

◇ 과거에는 생존을 위해 잊지 않는 것이 중요했지만, 현대에는 기억의 힘을 약하게 만들어야 삶이 편해집니다.

◇ 수면 부족은 최대의 적입니다. 잠자는 내내 그 사람이 머릿속에 머무르게 됩니다.

모든 테크닉을 완벽하게 실천할 필요는 없다.
나만의 생활 리듬에 맞추어 활용하기 쉬운 방법부터
조금씩 실천하면 된다.

3장

그 사람을 머릿속에서 지우는 7가지 테크닉

앞에서 살펴본 것처럼, 우리의 뇌는 기억하는 것보다 잊어버리는 것을 어려워한다. 하지만 이것이 괴로운 기억을 지울 수 없음을 의미하지는 않는다. 오히려 뇌의 시스템을 이해하면 반응을 충분히 컨트롤할 수 있다.

이번 장에서는 그 사람을 머릿속에서 지우기 위해 바로 실천할 수 있는 7가지 테크닉을 소개하려 한다. 이 7가지 테크닉은 모두 최신 뇌과학 연구를 기반으로 한다. 특별한 도구나 준비는 필요치 않으며, 오늘부터 바로 시작하여 지속적으로 실천하면 효과를 체감할 수 있을 것이다.

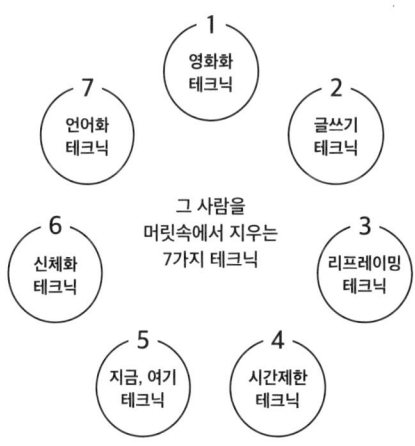

영화화 테크닉

앞에서 언급했던 야마다 씨처럼, '좀 더 자세히
설명하는 게 좋았을 것 같다'와 같은 조언을
들었을 때가 도저히 머릿속에서 떠나지 않아
괴로워했던 경험이 있으리라 생각한다.

그럴 때는, 그 기억을
영화의 한 장면이라고 생각해 보자.

영화를 보는 관객이 스크린 속 영상을 조금
떨어진 장소에서 바라보듯이, 당시 상황, 상대의
표정, 그리고 내 모습을 머릿속 스크린에 비추어
보는 것이다.

우리가 영화에서 인상적인 장면을 보았다 해도
그 장면을 며칠 혹은 몇 주간 계속 생각하지는 않는다.
무척 인상 깊게 본 장면이라 할지라도
'영화 속에서 일어난 일'이라고 이해하고 있는 한,
그 때문에 고민하고 괴로워하지 않는다.

'영화화 테크닉'이란 이러한 특성을 응용한 것이다.

자신의 경험도 영화를 보듯 객관적으로 바라보는 연습을 함으로써 차차 그 일에 감정적으로 휘말리지 않게 된다.

이미 벌어진 일은 바꿀 수 없지만, 사건을 보는 시점을 바꿀 수는 있다.

우리가 겪었던 일을 직접적인 체험으로 여길 때 뇌는 민감하게 반응한다. 하지만 같은 일이라도 마치 '영화를 보듯' 제3자의 시점에서 바라볼 때 그 반응은 훨씬 약해진다.
이러한 영화화 테크닉은 지하철 안이나 사무실 자리 등 어디서든 부담 없이 실천할 수 있다.
특히 밤에 잠들기 전, 문득 그 일이 떠오를 때 더욱 효과적이다.

How To Do
영화화 테크닉

첫 번째, 구체적인 이미지 그려 보기

그 일이 일어났던 곳이 어떤 모습이었는지 세세한 부분까지 떠올려 봅니다.

조명의 밝기, 에어컨 소리, 창문을 통해 들어오던 빛, 물건들의 배치와 사람들의 표정, 목소리 톤까지. 야마다 씨의 경우에는 회의실 테이블과 자료들, 동료 직원들의 모습 정도가 될 것입니다.

두 번째, 의식적으로 시점 바꾸어 보기

이제 당시 상황을 다른 시점에서 바라봅니다. 카메라 앵글을 바꿔서 보는 겁니다.

방 한구석에서 대상을 바라보는 각도, 혹은 아래에서 올려다보는 각도 등을 가정해 봅니다. 야마다 씨라면 방범 카메라 위치에서 회의하는 모습을 내려다보는 것도 좋겠지요. 타인을 보는 것처럼 자신의 모습을 관찰하는 겁니다.

세 번째, 감정 관찰하기

그 순간 솟아오르는 자신의 감정을 차분히 지켜보는 마음으로 관찰하기 바랍니다.

'나는 불안하다'가 아니라, '저 사람(영상 속 자신)이 불안해하고 있구나'라고 생각하며 따뜻한 시선으로 화면 너머의 자신을 바라보는 겁니다.

글쓰기 테크닉

그 일이 머릿속에 맴돌며 사라지지 않을 때,
글로 써 보는 방법도 도움이 된다.

떠오르는 생각들을 항목별로 정리해도 좋고,
문장으로 풀어 쓰거나 그림으로 그려도 좋다.
종이 노트나 핸드폰 메모 기능 등 각자에게
편한 방법을 선택하면 된다.

**중요한 것은 형체가 없는 막연함을 눈에 보이는
형태로 꺼내 놓는 일이다.**

친구에게 회사 이야기를 털어놓거나, 일기에
쓰고 나면 이상하게도 마음이 가벼워지곤 한다.
사실, 머릿속에 담긴 것을 밖으로 드러내어 형태를
만들어 주는 행위 자체에 뇌를 진정시키는 효과가
있다.
이러한 과정은, 머릿속을 빙빙 떠다니는 생각에
형태를 부여하여 뇌가 그 정보를 처리 완료된
것이라고 인식하게 만들기 위한 것이다.

최근 뇌과학 연구를 통해, 불쾌한 기억에 대처하기 위한 새로운 방법이 밝혀졌다. 불쾌한 기억은 그대로 방치하면 편도체에 뚜렷하게 각인되기 쉽지만, 의식적으로 그 기억을 정리할 시간을 부여하면 과잉 반응을 억제하기 쉬워진다.

실제로 종이에 쓰는 것은 기억과 생각을 정리하는 데 효과가 있었다. **머릿속 혼란한 정보를 시각적으로 정리할 수 있게 되고, 감정을 차분하게 가라앉히는 데도 도움이 된다.**
이는 어질러진 방을 정리하고 나면 기분이 개운해지는 것과 비슷하다.

이러한 글쓰기 테크닉은 끊임없이 이어지는 생각 탓에 잠들지 못할 때 효과적이다. 잠들기 전 10분이라도 좋으니 그날의 답답한 마음을 글로 써 본다면 훨씬 편안하게 잠들 수 있을 것이다.

기억에 형태를 만들어 주는 거야!

How To Do
글쓰기 테크닉

첫 번째, 쓰는 장소와 시간 정하기

조용한 장소에서 잠깐의 시간을 확보합니다.

출근길 지하철, 사무실 자리, 방 안의 책상 등, 어디든 상관없습니다. 야마다 씨는 회사 근처 커피숍에서 업무 시작 전 15분 동안 글을 쓰기로 했습니다. 정기적으로 쓸 수 있는 환경을 마련하는 것이 중요합니다.

두 번째, 형식에 구애받지 않기

항목별로 정리해도 좋고, 글로 쓰거나 표나 그림을 그려도 좋습니다. 기분을 있는 그대로 표현해 보는 겁니다.

야마다 씨는 처음에 단어들을 떠오르는 대로 써 내려갔습니다. '회의', '설명', '과장님의 표정', '목소리 톤', '나의 말투' 라고 먼저 쓴 다음, 조금씩 문장으로 정리하기 시작했습니다.

세 번째, 작성 후 처리 방법 정하기

중요한 것은 기록을 남기는 것이 아니라 글을 쓰는 행위 그 자체입니다.

써 놓은 것은 보관하든 버리든 상관없습니다. 다 쓴 종이는 나중에 파쇄기에 넣어 버리겠다고 정하면 좀 더 솔직한 마음을 쓸 수 있을지도 모릅니다.

리프레이밍 테크닉

사물을 바라보는 관점을 바꾸면 그 대상을
받아들이는 방식도 달라진다. 그런데 이 간단해
보이는 사실에는 깊은 과학적 의미가 담겨 있다.

심리학에서 사물을 규정한 '틀'을 바꾸는 것을
'리프레이밍'이라고 부른다. 1970년대에 심리학자
파울 바츨라빅(Paul Watzlawick)과 동료들은 미국
캘리포니아주 팔로알토의 정신건강연구소에서
이 개념을 체계화했다.
이후 리프레이밍은 인지행동치료 분야에서 에런
벡(Aaron Temkin Beck)과 앨버트 엘리스(Albert
Ellis)의 연구를 거쳐, 사람들의 사고 패턴을
변화시키는 효과적인 기법으로 활용되고 있다.

예를 들어, '엄격한 상사'를 '일에 진심인 사람'이라고
바꾸어 말하거나, '귀찮은 작업'을 '새로운 배움의
기회'로 여기는 것처럼, 동일한 개념을 완전히 새로운
관점에서 생각하는 것이다.

이는 단순히 마음을 위로하기 위한 것이 아니라,

실제로 뇌의 반응을 크게 변화시키는 효과가 있는 방법이다.
우리가 상황을 어떻게 해석하느냐에 따라 편도체의 반응이 크게 달라지기 때문이다. **같은 상황이라도 '위협'으로 인식하느냐 '기회'로 인식하느냐에 따라 편도체의 활성화 정도가 달라진다는 것이 밝혀졌다.**

때로는 자신의 인생을 한 편의 드라마처럼 생각해 보는 것도 효과적이다. '이 장면은 주인공인 나의 성장을 위해 중요한 순간'이라고 생각한다면, 여기서 발생한 사건을 긍정적으로 받아들일 수 있을 것이다.

메이저리그 LA 다저스의 오타니 쇼헤이 선수는 2023년 월드 베이스볼 클래식(WBC)에 일본 대표로 참가했을 때, 3점 뒤처져 불리한 상황에서 팀원들을 독려하기 위해 이렇게 말했다고 한다.

"이렇게 간단히 세계 최고가 된다면 재미없잖아. 이런 어려움을 겪었기에 세계 최고가 더욱 가치 있는 거야. 힘내자!"

누가 뭐래도 드라마 주인공이 할 법한 말이다. 오타니 쇼헤이를 그대로 흉내 내기는 어렵겠지만, 열세에 처해 있을 때 내가 주인공이라고 생각하고 행동한다면 나름대로 상황을 즐길 수 있게 될 것이다.

How To Do
리프레이밍 테크닉

첫 번째, 완전히 다른 입장 가정하기

지금과는 완전히 다른 시각을 가정하고 상황을 바라봅니다.

'10년 후의 나라면 상황을 어떤 식으로 받아들일까?', '내가 존경하는 그분이라면 어떻게 생각할까?', '나중에 베테랑이 된 내가 신입 시절에 어떤 교훈을 얻었다고 여길까?'처럼 새로운 시각을 상정해 보면, 생각지 못한 깨달음을 얻을 수도 있습니다.

두 번째, 긍정적 측면에 주목하기

부정적으로 보이는 상황에도 반드시 긍정적 요소가 포함되어 있습니다.

'이해하기 어려웠다'는 지적은 더 쉽게 설명하는 방식을 찾는 기회가 되기도 합니다. 지금 할 수 있는 일과 얻을 수 있는 것이 무얼지 의식적으로 찾아봅시다.

세 번째, 드라마 주인공이라고 생각하기

지금 벌어지는 일을 '인생'이라는 한 편의 긴 이야기 속 한 장면이라고 생각해 보세요.

자신을 드라마의 주인공이라고 가정해 봅니다. 주인공은 언제나 시련을 겪으며 성장합니다. 괴로운 경험도 성장을 위한 중요한 장면일지도 모릅니다. 즉, 완벽하게 설명하지 못해 조언을 들은 경험도 더 나은 발표자가 되기 위해 필요한 첫걸음이 될 수 있습니다.

시간제한 테크닉

머릿속을 떠나지 않는 걱정거리가 있다면,
걱정하는 시간을 정해 보는 것도 도움이 된다.

역효과라고 생각할 수도 있겠지만, 이는 매우
합리적인 방법이다. 앞서 언급했듯 '지금은 생각하지
말아야지' 하고 억제하게 되면 오히려 생각에 더
깊이 빠져들기 쉽다.

반대로 **'지금부터 15분간 충분히 생각해 보자'와
같이 시간을 정하고 생각하는 방법**이 바로 시간제한
테크닉이다. 제한을 두는 것이 뇌 활동에 영향을
끼친다는 특성을 활용한 방법이다.

2021년, 도쿄대학 연구팀은 불안과 공포를 느낄 때
'생각할 시간'을 적절히 컨트롤함으로써 편도체의
과잉 반응을 억제할 수 있다는 가능성을 보여 주었다.
쥐를 대상으로 한 실험에서, 공포의 기억을 짧게
끊어서 떠올리게 하면 편도체의 활동이 안정되고
이후 소거 학습(불안과 공포가 점점 줄어드는 학습)이
촉진됨을 확인한 것이다.

이에 따라, 계속 생각하는 것보다 **정해진 시간만 생각하는 편이 뇌의 활동을 정리하고, 불안과 공포를 줄이는 데 효과적이라는 것이 밝혀졌다.**

이러한 과학적 견해는 상담과 같은 임상 심리 현장에서도 활용될 것으로 기대된다. 짧게 끊어서 생각하는 테크닉은 불안과 걱정에 대한 효과적인 대처법이기에, 심리치료에서 유용하게 쓰일 것이다.

또한, '포모도로 타이머'를 활용하는 방법도 추천할 만하다. 이 타이머는 시간관리 방법인 포모도로 테크닉에서 사용하는 시계로, 포모도로 테크닉이란 정해진 시간 동안 집중해서 작업하고 짧은 휴식을 취하며 업무를 처리하는 방법이다. 이 타이머는 다른 시계에 비해 몇 분이 경과했는지를 시각적으로 쉽게 확인할 수 있어 생각에 집중하는 시간을 정할 때 편리하다.

시간제한 테크닉은 저녁에서 밤 즈음에 실천하면 더 효과적이다. 낮 동안 있었던 일들을 정리하는 시간을 확보하게 되면 잠들기 전의 쓸데없는 걱정이 줄어든다.
'지금은 생각하지 않을 거야, 정해진 시간에 생각하자'라고 하며 스스로와 약속할 수도 있다.

하루에 여러 차례 생각하는 시간을 가져도 좋다. 아침과 밤에 각각 한 번씩, 혹은 점심시간에 한 번을 더해서 하루에 세 번 등, 자신의 생활리듬에 맞추어 계획하면 된다.

중요한 것은 정해진 시간을 지키고, 그 시간 외에는 더 이상 생각하지 않는 것이다.

How To Do
시간제한 테크닉

첫 번째, 생각하는 시간 정하기

**자신에게 맞는 생각 시간을 정해 봅니다.
이 시간만큼은 그 사람을 마음껏 생각해도
좋다고 스스로 허락하는 겁니다.**

너무 길면 지칠 수 있고, 너무 짧으면 감정을
모두 소화하지 못할 수 있습니다. 보통
10~20분 정도가 적절할 것입니다. 야마다
씨는 저녁식사 전 15분을 생각하는 시간으로
정했습니다. 시간을 정확히 지키기 위해
타이머를 사용하면 좋습니다.

두 번째, 생각하는 장소 정하기

**집중할 수 있는 환경을 선택합니다.
그 공간을 '생각하는 시간을 위한
특별한 장소'로 정하는 것입니다.**

거실의 한구석도 좋고, 조용한 카페도
괜찮습니다. '여기서 15분만 생각한다, 이외의
장소에서는 생각하지 않는다'는 룰을 정합니다.
룰에 적응하면 다른 장소에서의 잡념이
자연스레 줄어들 것입니다.

세 번째, 전환을 위한 습관 정하기

**생각하는 시간이 끝나면 반드시 어떤
동작을 취합니다. 심호흡이나 스트레칭을
하는 식으로요.**

시간이 흘렀다는 것을 뇌에 명확하게 전달하기
위해서입니다. 야마다 씨는 생각하는 시간이
끝나면 반드시 물을 한 잔 마신다고 합니다.
이 작은 동작이 신호가 되어 이후 행동으로의
전환이 쉬워집니다.

지금, 여기 테크닉

그 사람이 머릿속에서 떠나지 않을 때, 지금 이 순간에 집중하는 방법도 효과적이다. 의식적으로 어느 한 곳에 주의를 기울이는 방법은 예전부터 요가나 명상에서 활용되어 왔다.

우리의 뇌는 한 번에 처리할 수 있는 정보량에 한계가 있다. 이는 '집중 용량 한계'라는 특성으로, 인간의 뇌는 끊임없이 들어오는 방대한 정보 중에서 필요한 것을 선택적으로 처리한다. 여러분이 지금 이 문장에 집중하고 있을 때, 주변 소리나 풍경은 자연스레 의식 바깥으로 밀려나 있을 것이다.

이러한 뇌의 특성을 활용하여, **의식적으로 지금 이 순간의 감각에 주의를 집중시키면 불필요한 생각은 자연스레 뒤로 밀려나게 된다.** 이는 우리의 뇌가 본래 가지고 있는 정보 처리 시스템을 활용한 테크닉이다.

이 테크닉은 지금 이 자리에서 실천할 수 있다. 회의 시작 전에 느끼는 긴장, 업무 중의 불안감,

귀가 후에 느껴지는 답답한 기분 등….
의식적으로 '지금, 여기'에 주의를 기울이는
것만으로도 쓸데없는 걱정에서 멀어질 수 있다.

괴로운 생각을 억지로 밀어내려고 하지 말고
그저 지금 이 순간에 주의를 집중하면 된다.
이는 강물의 흐름을 무리하게 멈추려 하는 대신,
다른 방향으로 수로를 만드는 것과 같은 감각이다.
자연스럽게 다른 흐름을 만들어 줌으로써
결과적으로 그 사람을 의식 밖으로 내보낼 수 있게
될 것이다.

지금 이 순간에
집중하면
마음 편해질 거야.

How To Do
지금, 여기 테크닉

첫 번째, 몸의 감각에 집중하기

우선 호흡에 의식을 집중해 봅니다.
가슴과 배의 움직임을 주시하여 공기가
들어오고 나가는 것을 느끼도록 합니다.

야마다 씨는 출퇴근길 지하철 안에서 다섯
번 정도 심호흡하는 것부터 시작했습니다.
다음으로 몸의 다른 감각에도 집중합니다.
발바닥의 감촉, 등의 자세, 어깨에 힘이
얼마나 들어갔는지 등, 신체의 감각을
순차적으로 의식하기만 해도 잡념이
자연스레 사라지게 됩니다.

두 번째, 주변 관찰하기

주변의 사물들을 평소보다
주의 깊게 관찰해 봅니다.

사무실에 놓인 관엽식물의 잎 모양, 창문
너머 하늘의 색깔, 커피잔의 따뜻함 등,
쉽게 지나쳤던 일상의 풍경에 관심을
기울이는 겁니다. '지금 이 순간 실제로
존재하는 것'에 집중하여 머릿속을 맴도는
걱정에서 자연스럽게 멀어져 봅시다.

세 번째, 몸을 가볍게 움직이기

의도적으로 몸을 움직이는 것도 효과적입니다.

심호흡하며 스트레칭하기, 어깨 돌리기, 가볍게
고개 젖히기 등. 틈틈이 티 나지 않을 정도로
움직여도 좋습니다. 몸을 움직이는 것만으로도
자연스럽게 의식의 전환이 일어납니다.

신체화 테크닉

자꾸 신경이 쓰인다.
깊이 생각하게 된다.

이런 생각에 빠져 있을 때 우리 몸은 어떤 상태일까?
아마 어깨에 힘이 들어가 있고, 호흡이 얕아지고,
자세가 앞으로 기울어져 있을 것이다.

이처럼 마음의 상태는 반드시 몸에 나타난다.
마음과 몸은 연결되어 있기 때문이다.
이는 몸 상태를 조절함으로써 마음의 상태도 조절할
수 있다는 의미이기도 하다.

긴장하거나 불안을 느끼면 교감신경이 우위를
점하게 된다. 심장박동이 빨라지고 호흡은 얕고
가빠지며, 근육은 긴장한다. 이 상태가 지속되면
편도체는 위험한 상황에 처했다고 인식하여, 더욱
불안해하고 긴장하게 되는 악순환이 발생한다.

하지만 천천히 심호흡을 하고 자세를 바로잡으면
부교감신경이 자극을 받게 된다. 부교감신경이

우위를 차지하면 심박이 안정되고 근육의 긴장도 완화된다. 이처럼 몸이 안전하다는 신호를 주면 편도체의 과잉 반응을 억제할 수 있게 된다. 즉, 신체를 안전한 방향으로 이끌면 뇌의 경계 시스템을 진정시킬 수 있다는 의미이다.

이 신체화 테크닉의 장점은 언제, 어디서든 실천할 수 있다는 점이다. 회의실에서 긴장될 때, 책상에 앉아 깊은 고민에 빠졌을 때, 귀가 후에도 그 **사람**이 머리에서 떠나지 않을 때 등… 이러한 상황에서는 모르는 사이에 교감신경이 우위에 서고 편도체가 과잉 반응을 일으키게 된다.

이럴 때는 우선 신체에 주의를 기울이는 것이 중요하다. 느리고 깊은 호흡, 편안한 자세, 긴장을 풀어 주는 동작들은 부교감신경을 자극하여 우리 몸을 편안한 상태로 만들어 준다.

그러면 신기하게도 답답한 마음이 점차 편안해지는 것을 느낄 수 있다.

자세를 바르게 하고 호흡을 가다듬으며 몸의 긴장을 푸는 것은, 단순한 행동이지만 뇌의 경계를 해제하고 마음의 안정을 찾게 해 준다. 이는 심박수의 저하와 근육 완화에 의해 뇌에 안전 신호가 전달되어 불안이 감소된다는 메커니즘에 기반한다.
'바이오피드백'이라고도 불리며, 이완 요법과
마음챙김, 호흡법 등에서도 활용되고 있다.

How To Do
신체화
테크닉

첫 번째, 자세 의식하기

앉거나 서 있는 자세에 집중합니다. 허리를 펴고, 어깨의 힘을 뺀 다음 턱을 당깁니다.

기본적인 자세를 의식하는 것만으로도
마음가짐이 달라질 수 있습니다.
야마다 씨는 과장님이 참석하는 회의 전에
자세를 바르게 하는 것을 습관화했고,
신기하게도 목소리가 안정되고
긴장도 풀리는 것을 느꼈다고 합니다.

두 번째, 호흡 가다듬기

다음으로, 호흡에 집중합니다. 긴장할 때의 얕고 빠른 호흡을 의식적으로 느리고 깊은 호흡으로 바꿔 가는 겁니다.

코로 숨을 들이마시고, 입으로 천천히
내뱉습니다. 이 호흡을 3회 반복하는
것만으로도 자율신경이 안정되기 시작합니다.
이는 지하철 안에서나 업무 중에도 티 나지
않게 실천할 수 있는 편리한 방법입니다.

세 번째, 몸의 긴장 풀기

마지막으로, 몸의 긴장을 의식적으로 풀어봅니다.

어깨를 앞뒤로 돌리고, 목을 가볍게 움직이며,
손목과 발목 스트레칭을 합니다. 작은
움직임으로도 충분합니다. 뭉친 어깨를 풀어
주면 몸도 마음도 한결 가벼워질 겁니다.

언어화 테크닉

알 수 없는 불안과 긴장.
왠지 모르게 진정되지 않는 기분.

이러한 모호한 감정을 구체적인 언어로 표현해내는 것이 언어화 테크닉이다. '초조하고 불안하다', '마음이 답답하다'라는 막연한 표현을 '의견이 받아들여지지 않아 슬프다', '기대에 부응하지 못했을지도 모른다는 불안감이 있다'처럼 구체적인 언어로 바꾸어 보는 것이다.

2023년 10월, 일본 생리학연구소의 연구팀은 정보가 뇌 안에서 어떻게 처리되는지를 상세히 조사했다. 그 결과, 불확실한 정보는 편도체의 과잉 반응을 일으키기 쉽지만, 그런 정보가 명확하게 정돈되면 반응이 억제된다는 사실이 밝혀졌다.
감정을 언어화하여 정리함으로써 편도체의 과잉 반응을 억제할 수 있는 것이다.

언어화 테크닉은 하루를 되돌아보는 시간에 효과적이다. 그날 느꼈던 모호하고 답답한 감정을 실제적이고 세밀한 언어로 바꿔 나가는 것이다. 머릿속으로 생각해도 좋고, 소리를 내어 말해 보아도 좋다. 일기에 쓰면 훨씬 자세하게 언어화할 수 있을 것이다. 처음에는 적절한 단어가 떠오르지 않을 수도 있지만, 그래도 **단어를 찾아가는 과정 그 자체에 의미가 있다.**

언어화를 통해 막연했던 불안과 긴장이 보다 명료한 형태를 띠기 시작한다. 뇌는 정체 모를 불안보다 구체적인 걱정거리에 좀 더 쉽게 대처할 수 있다.
모든 감정을 완벽하게 언어로 표현할 필요는 없다. 때로는 언어로 표현할 수 없는 형태로 그저 가만히 두는 것도 하나의 방법이다. 중요한 것은 자신의 감정을 알아차리고, 그 감정을 조금씩 이해하려는 자세다.

불확실한 감정을 명확한 언어로!

How To Do
언어화 테크닉

첫 번째, 감정에 이름 붙이기

지금의 기분에 구체적인 이름을 붙여봅니다.
불안인지, 슬픔인지, 아니면 분노인지.
그리고 감정의 강도를 10단계로 표현해 보는
겁니다. '지금의 불안은 10단계 중 7단계
정도'라는 식으로.

야마다 씨의 경우, 과장님 앞에서 제대로 말하지
못한 것은 자신 없어하는 마음에서 야기된 불안
때문이라는 사실을 인식하면서 자신의 감정과
대면할 수 있게 되었습니다.
감정에 구체적인 이름을 붙여 보는 것도
효과적입니다. 예를 들어, 불안한 마음이
강하다면 그 마음에 '걱정 손님'과 같은 이름을
붙이는 겁니다. 이유 모를 답답함과 막연함에
짜증만 내고 있으면 불안한 상태가 계속 이어질
뿐이지만, 이 상황에 명확한 이름이 붙는다면
'또 걱정 손님이 찾아왔네, 천천히 심호흡하면서
가라앉혀야겠어'라고 생각하며 차분히 대책을
세울 수 있을 것입니다.

두 번째, 사실과 의견 구분하기

그 감정이 발생한 상황을 구체적으로 정리해 봅니다. 언제, 어디서, 무슨 일이 있었고 나는 어떤 기분을 느꼈는지….

예를 들어, '회의실에서 기획안 설명을 하고 있을 때, 과장님이 팔짱을 낀 채 말없이 듣고 있는 것을 보고 엉망으로 설명하고 있을지도 모른다는 불안을 느꼈다'는 식으로 상황을 정리합니다.
이때 사실과 의견을 구분하여 생각하는 것이 중요합니다. 과장님이 팔짱을 끼고 있었던 것은 사실이지만, '엉망으로 설명하고 있다'는 생각은 어디까지나 주관적인 상상이라는 점을 인지해야 합니다.

세 번째, 자신과 마주하기

자신 내면의 소리에 귀를 기울여 봅니다.

'왜 그렇게 느꼈던 걸까?', '진짜로 걱정하는 것은 무엇일까?'와 같은 질문을 던지며 마음을 들여다봅니다. 스스로를 탓하지 말고, 친한 친구의 고민을 들어주듯 따뜻한 마음으로 자신의 감정을 마주합니다.

7가지 테크닉의 조화로운 활용

지금까지 그 **사람**을 머릿속에서 지우기 위한 7가지 테크닉을 살펴보았다. 이 테크닉들은 각각 독립적인 방법이지만 서로 조화를 이룰 때 보다 효과적이다. 예를 들어, '시간제한 테크닉'으로 생각하는 시간을 정하고, 그렇게 정해진 시간 동안 '글쓰기 테크닉'을 활용하는 식이다. 이렇게 글로 정리한 내용은 '언어화 테크닉'을 거쳐 더욱 구체적인 말의 형태로 바뀔 수도 있다.

야마다 씨는 매주 수요일 출근 전 15분을 이용하여 그 주의 신경 쓰였던 일들을 써 보기로 했다. 그리고 밤에 잠자리에 들기 전 '영화화 테크닉'을 사용해 하루 일과를 객관적으로 되돌아보는 것도 잊지 않고 있다.

"처음에는 정말 바뀔 수 있을까 싶어 반신반의했지만, 조금씩 계속해 나가는 동안 이상하게도 마음이 차분해지는 것을 느꼈어요. 과장님에 대한 생각으로 머릿속이 가득 차는 일이 줄면서 나 자신의 시간을 되찾은 것 같아요."

모든 테크닉을 완벽하게 실천할 필요는 없다.
각자의 생활 리듬에 맞추어 활용하기 쉬운
방법부터 조금씩 실천하면 된다.

편도체는 생각보다 더 유연하게 변화한다.

하나하나의 작은 실천들이 모여 확실한 변화를
만들어 간다. 이를 통해 그 사람이 뇌를 점령하던
상태에서 벗어나, 자연스럽게 적절한 거리를
유지할 수 있게 될 것이다.

3장 마무리

실천!
7가지 테크닉

TIP!

◇ 7가지 테크닉(영화화·글쓰기·리프레이밍·시간제한·
지금, 여기·신체화·언어화)을 통해 그 사람을 머릿속에서
사라지게 해 봅시다. 테크닉들을 잘 조합하여 사용한다면
더욱 효과적일 것입니다!

그 사람에 대한 고민으로 답답하고 우울했던 시간이
나의 성장을 위한 설렘 가득한 시간으로 바뀔 것이다.

4장

좋아하는 일을 찾으면 그 사람을 잊을 수 있다

'나를 위해' 살아가는 법

앞 장에서는 그 사람을 머릿속에서 지우는 7가지 테크닉을 살펴보았다.
이 테크닉들은 그 사람이 떠오를 때 즉시 그를 머릿속에서 지우는 데 효과적이다.

더 중요한 것은 일시적으로 지우는 것뿐만 아니라 지워진 상태를 유지하는 것이다. **즉, 그 사람이 없는 상태를 뇌의 새로운 표준으로 삼는 것이다.**

야마다 씨는 이러한 변화를 경험한 사람 중 한 명이다.

"과장님의 존재를 의식하지 않으려고 이런저런 시도를 하면 그날은 한결 마음이 편안했어요. 하지만 다음 날 다시 과장님을 마주치면 어느새 또 긴장하게 되더라고요. 마치 다람쥐 쳇바퀴 돌듯 악순환을 계속한다는 생각이 들었어요."

그러던 어느 날, 문득 깨달았다고 한다.

"회의에서 발표할 때 자료를 어떻게 더 쉽게 설명할지 고민하고, 다음에는 어떻게 바꾸어 볼지 생각했어요. 그러고 보니, 업무 내용으로 머릿속이 가득 차게 되었고, 과장님을 의식하지 않게 되었더라고요."

자신도 모르는 사이에 그 **사람**을 의식하지 않게 되었다. 우리가 목표로 하던, 그 **사람**이 없는 뇌를 갖게 된 것이다.

무엇이 달라진 것일까?

이전의 야마다 씨는 회의 중에도 '과장님은 내 설명을 어떻게 생각하고 있는 걸까?', '저 표정은 뭘 의미하는 거지?'라고 생각하며, 과장님만을 신경 쓰고 있었다.
하지만 지금은 달라졌다. 본인의 설명이 이해하기 쉬운지, 다음 회의 자료는 어떻게 만들 것인지를 계속 고민하며 온전히 업무에 집중하게 되었다.

사토 씨 역시 같은 변화를 겪었다.

"부엌에 있을 때 시어머니라면 이렇게 하셨을 텐데, 하는 생각을 이제는 안 하게 되었어요. 대신에 아이들이 좋아할 만한 메뉴를 고민하거나, 더 맛있게 만드는 방법은 없을지에 대해 자연스레 고민하고 있더라고요."

그 사람에 대한 고민으로 답답하고 우울했던 시간이 이제는 자신의 성장을 위한 설렘 가득한 시간으로 바뀐 것이다.

이러한 변화는 뇌의 작용을 고려했을 때 매우 자연스러운 현상이다.

뇌에는 디폴트 모드 네트워크(Default Mode Network)라는 흥미로운 신경회로가 있다.
2001년, 과학 잡지에 밝혀진 이 발견은 '아무것도 하지 않을 때의 뇌'에 대한 기존의 이해를 크게 바꾸어 놓았다.

디폴트 모드 네트워크는 휴식하거나 눈을 감고 릴렉스한 상태일 때 활성화된다. 지하철 안에서 멍하니 있거나, 교차로에서 신호 대기 중이거나, 잠들기 전에 잠시 한숨 돌릴 때처럼 아무런 작업을 하지 않고 가만히 있으면 뇌는 아이들링(idling) 상태가 되고, 이 신경회로의 활동이 활발해진다. 여기서 '아이들링'이란 자동차의 엔진은 켜져 있지만 운행하지 않고 정지해 있는 것과 같은 상황을 의미한다.

이 네트워크는 주로 3가지 기능을 수행한다.

먼저, 자기 자신에 대해 생각하는 것이다.

나는 지금 이 상황을 어떻게 느끼고 있는 것일까?
주변 사람들은 나를 어떻게 보고 있을까?

이러한 질문을 통해 자아 인식에 관해 사고한다.

다음으로는 과거와 미래를 연결하는 것이다.
과거를 회상하거나 미래 계획을 세울 때 활발히
작동한다. 마지막은 다른 사람의 마음을 상상하는
것이다. 주변 사람들의 감정이나 생각을 추측할 때
이 네트워크가 활성화된다.

즉, '일하지 않는 뇌'란 존재하지 않는다.

우리가 우두커니, 혹은 가만히 있을 때조차 뇌는
자기 자신이나 다른 사람, 과거나 미래에 대해
끊임없이 생각한다.

그러므로 그 사람에 대해 생각하지 말아야겠다고
억제하는 시도는 역효과를 낼 수 있다. 특히
아무것도 할 일이 없는 시간이 되면, 디폴트 모드
네트워크가 자동으로 활성화되어 공백인 시간을

자연스럽게 그 **사람**에 대한 생각으로 채우려 하기 때문이다.

실제로 이 네트워크가 과도하게 활성화되면, 같은 상황을 반복해서 떠올리거나 필요 이상으로 불안을 느끼게 된다. 그 **사람**이 머릿속에서 떠나지 않는 것도 바로 이 네트워크가 지나치게 활발하게 작동하고 있기 때문이다.

'즐거운 일'을 찾으면 그 사람을 잊을 수 있다

관점을 바꿔 보면, 공백을 채우고 싶어 하는 뇌의 특징을 오히려 기회로 활용할 수 있다. 디폴트 모드 네트워크의 특성을 활용하여 그 사람이 사라진 공간을 더 건설적인 생각으로 채울 수 있기 때문이다.

지하철로 이동하는 시간을 예시로 들 수 있다.

지금까지는 지하철을 타고 가는 내내 그 사람에 대한 생각으로 머릿속이 가득 차 있었을지도 모른다. 하지만 의도적으로 이 시간을 나의 성장에 대해 고민하는 시간으로 바꾸어 볼 수 있다.

야마다 씨의 경우, 출퇴근길 지하철 안에서 이런 생각을 하게 되었다고 한다.

다음 회의를 더 잘하려면 어떻게 해야 할까?
팀의 소통을 더 활발하게 만들 수 있는 방법은?

"처음에는 의식적으로 업무에 대해 생각하려고 노력했어요. 그런데 그렇게 하다 보니 자연스럽게

'이 기획서를 더 잘 만들려면 어떻게 해야 할까?'
'팀의 분위기를 더 좋게 만들 수 없을까?' 같은
질문에 대한 답을 찾게 되더라고요. 어느새 이게
새로운 습관이 되었어요."

사토 씨도 마찬가지였다.

"예전에는 잠들기 전에 '내일 시어머니가 오실
텐데 부엌을 잘 치웠나?', '냉장고를 열어 보고 뭐라고
하실까?' 같은 걱정 때문에 쉽게 잠들 수가 없었어요.
하지만 지금은 '내일 식단을 맛있게 짜려면?',
'아이들이 좋아하는 메뉴가 뭐였지?' 하고 생각하는
게 즐거워졌어요."

이러한 변화는 디폴트 모드 네트워크가 새로이
즐거운 일을 찾아냈다는 증거와도 같다.

즉, 그 사람에 대한 생각으로 가득 찼던 머릿속이
점차 해야 할 일과 하고 싶은 일들로 채워지고
있는 셈이다.
이것은 주의를 다른 데로 돌리는 것과는 조금 다르다.
이처럼 디폴트 모드 네트워크의 특성을 바탕으로
보다 건설적인 사고를 유도하는 일은 뇌의
자연스러운 기능을 활용하는 것에 가깝다.

예를 들어, 업무에서는 다음과 같이 구체적인
과제에 대해 생각해 보는 것이다.

이 기획안을 더 잘 만들기 위해 어떻게 해야 할까?
팀의 분위기를 개선하기 위해 어떻게 해야 할까?

집안일을 할 때는 다음과 같은 질문을 던지며
실천적인 방법을 고민한다.

더 효율적인 정리 방법은 무엇일까?
가족이 좋아할 만한 새로운 일에는 무엇이 있을까?

처음에는 의도적으로 해야 할 일을 떠올리려고
노력해야 할지도 모른다. 하지만 이 과정이 반복되다
보면, 뇌는 자연스럽게 원래 생각의 흐름을 따라
사고하게 된다. 그 사람에 대해서가 아니라, 눈앞에
놓인 과제나 보다 나은 미래에 대해 생각하는 일이
새로운 습관으로 형성되는 것이다.

흥미로운 사실은 이것이 의식적인 전환에서
시작되어 결국 자연스러운 사고 습관으로 바뀌어
간다는 점이다.

그 사람이 3주 만에 사라졌다

지금까지의 연구 결과를 바탕으로, 그 사람을 머릿속에서 사라지게 하기 위해 효과적인 방법들을 알아보았다. 되짚어 보는 의미에서 다시 한 번 정리해 보고자 한다.

첫째, 몰두할 수 있는 일을 찾는다.
디폴트 모드 네트워크는 우리가 흥미를 느끼는 것을 자연스레 떠올리게 한다. 그렇기에 그 사람 이외에 몰두할 수 있는 일을 찾는 것이 중요하다.

업무의 전문성을 높이는 공부

오랫동안 관심 갖고 있던 취미생활

학창 시절 공부 재도전

자격증 취득을 위한 준비

이처럼 각자에게 가치 있는 활동을 시작해 보는 것이다. 처음에는 단지 주의를 돌리기 위한 시도에 불과할 수 있다. 하지만 시간이 지나면서 자연스레 흥미가 깊어지고, 어느 순간 그 사람 생각하고 있을 때가 아니라고 여기게 될 것이다.

둘째, 자투리 시간을 보내는 법을 바꾸어 본다.
딱히 할 일이 없는 시간을 달리 보내는
것이 중요하다.
지하철을 타고 이동하는 시간, 거리에서 신호를
기다리며 멈춰 있는 몇 분, 잠들기 전 잠깐 동안 등,
이러한 자투리 시간에 우리의 의식은 자연스럽게 그
사람에 대한 생각으로 흘러가기 쉽다.

다음과 같은 구체적인 방법을 시도해 보자.

출퇴근길 지하철 안에서 오늘 할 일을 정리한다.
신호 대기 시간에는 다음 일정을 머릿속으로 준비한다.
잠들기 전에는 '내일 있을 좋은 일'을 상상한다.

이와 같이 나름대로 자투리 시간을 보내기 위한
생각거리를 미리 준비해 두면, 그 사람이 아닌 다른
생각에 집중하기 쉬워질 것이다.

마지막으로 중요한 것은 변화를 기록으로 남기는
것이다. 수첩이나 핸드폰 메모장에 작은 성공 경험을
기록해 보자.

회의에서 상대의 표정에 신경 쓰지 않고 말할 수 있었다.
휴식 시간을 내 발전을 위한 시간으로 활용할 수 있었다.
지하철 안에서 긍정적인 생각을 할 수 있었다.

그리고 주말에는 이 기록을 다시 꺼내 읽는 시간을 가진다. 스스로의 작은 성취를 확인하면서 변화를 실감하고, 자아 존중감도 높일 수 있을 것이다.

더불어, 사고 패턴을 바꾸는 것이 뇌에 어떤 영향을 미치는지에 대해 중요한 정보를 소개하고자 한다.

뇌과학 연구에 따르면, 의식적으로 새로운 사고 패턴을 유지하면 뇌의 반응에도 변화가 나타난다는 것이 밝혀졌다. 예를 들어, 약 3주 정도 새로운 사고방식을 의식적으로 실천하면 편도체의 과도한 반응이 안정되고 판단력을 높이는 전두전피질이 활성화된다고 한다.
이러한 변화는 감정적인 반응은 줄고, 냉정하고 이성적인 판단이 늘었다는 것을 의미한다. 연습을 꾸준히 이어간다면, 어느 순간 문득 그 사람이 신경 쓰이지 않는다고 느끼게 될지도 모른다. 이것은 뇌의 반응 패턴이 변화하면서 의식이 자연스럽게 새로운 방향으로 흐르게 되었다는 증거이다.

그 사람의 존재가 완전히 사라진 것이 아니라, 의식 중심으로부터 멀어진 것이다.

긍정적인 생각이 자연스럽게 떠오른다.
새로운 것에 흥미를 느끼게 되었다.
본래의 내 모습을 되찾았다.

그 결과 이러한 변화가 찾아올 것이다.
이 변화는 일시적인 현상이 아니라 앞으로도
계속될 것이다. 뇌의 흥미와 관심이 근본적으로
변하였기 때문이다.

우리 뇌의 주인은 바로 우리들 자신이다.

그 사람에게 점령당해 있던 머릿속 공간을 보다
풍부한 사고와 새로운 가능성으로 채워나가기 위해,
다음 장에서 뇌의 세계를 한층 더 깊이 탐험해 보자.

4장 마무리

그 사람이
드디어 사라졌다!

TIP!

- ◇ 뇌가 일하지 않는 시간은 존재하지 않습니다.
- ◇ 그 사람 이외에 몰두할 수 있는 일을 찾아, 그 사람이 없는 상태를 뇌의 새로운 표준으로 삼습니다.
- ◇ 패턴을 바꾸면 3주 만에 그 사람이 중요하지 않게 될 것입니다.
- ◇ 그 사람 때문에 답답하고 우울했던 시간을 자신의 성장을 위한 설렘 가득한 시간으로 바꾸어 봅시다.

집착하지 말고, 무리하게 잊으려 하지 않아도 된다.
이따금, 잠들지 못하는 밤이 찾아오는 것은 자연스러운 일이다.

5장

잠든 사이
그 사람이 머릿속에서
사라졌다

밤만 되면 그 사람이 떠오르는 이유

왜 밤만 되면 그 사람을 생각하게 되는 걸까?

회사에서 있었던 일, 언쟁하던 순간, 어색했던 분위기, 내 뒷담화를 하고 있다는 것을 알게 되었을 때까지…. 잠자리에 들어 잠에 빠지기 전까지의 시간, 낮에는 크게 신경 쓰지 않았던 그 사람이 불쑥 머릿속에 떠오른다. 누구에게나 이런 경험이 한 번쯤 있을 것이다.

사실 이러한 현상은 뇌의 정상적인 활동에 기반한 것이다. 밤이 되면 우리 뇌는 일종의 '기억 정리 모드'에 들어간다. 하루 동안 경험한 일들, 특히 감정이 동요했던 순간을 정리하고 저장하는 작업을 시작한다.

우리 뇌는 감정적인 사건들을 '중요한 정보'로 여긴다. 상사와의 언쟁, 동료와의 의견 차이, 가족과의 말다툼. 이러한 일들은 우리의 생존과 사회생활에 커다란 영향을 끼칠 가능성이 있기에 특히 더 신중하게 처리하려고 한다.

잠들어 있는 동안에도 기억 정리는 계속된다.
이 과정의 중심이 되는 것이 편도체이다.

수면과학 분야 전문가인 UC 버클리대학의
매슈 워커(Matthew Walker) 박사는 렘수면 중에
편도체가 활성화되어 감정적인 기억을 정리하는
데 중요한 역할을 한다고 설명한다.
즉, 자는 동안 뇌는 '감정적인 기억'을 들춰내기
시작한다. 이는 결코 마음이 약해서도, 지나치게
깊이 생각해서도 아니다. 그저 뇌가 정상적으로
작동하고 있다는 증거일 뿐이다.

그렇다면 왜 뇌는 굳이 밤에 기억을 정리하는 걸까?

야간의 기억 정리는 주로 두 가지 중요한 역할을
한다. 먼저, 중요한 기억을 선별한다. 뇌는 하루 동안
경험한 수많은 정보 중에서 중요한 것을 골라내어
확고히 저장한다. 감정이 동요되었던 사건일수록
중요하다고 판단하여 우선적으로 선택된다.

그리고 기억을 재구성한다. 뇌는 새로운 기억을
기존의 지식이나 경험과 연결하여 더 의미 있는
형태로 정리한다. 예를 들면 다음과 같다.

오늘은 상사와의 면담에서 의견을 제대로 전달하지

못했다. 지난달에도 비슷한 일이 있었지만, 그때는 자료를 준비해서 설명했더니 이야기가 잘 풀렸다. 다음부터는 면담 전에 반드시 자료를 준비해야겠다.

이처럼 과거의 경험을 바탕으로 구체적인 해결책을 이끌어내게 된다.

또한, 우리가 자는 동안에도 뇌는 활발하게 활동하며 기억을 정리하는 데 관여한다. 이 과정에서 중요하게 구분되는 수면 단계가 렘수면과 비렘수면이다.

렘수면은 꿈을 꾸기 쉬운, 얕은 수면 상태를 말한다. 이 시기 뇌는 기억과 기억을 결합시켜 새로운 아이디어와 해결책을 만들어내려고 한다. 앞에 언급했던 예를 다시 들자면, '자료를 준비하면 이해하기 쉽게 설명할 수 있을 거야'와 같은 구체적인 대처 방안이 렘수면 단계에서 만들어진다.

비렘수면은 렘수면이 아닌 1~4단계 수면을 가리키며, 깊이 잠든 상태를 말한다. 뇌파가 차분해지고 신체가 휴식모드로 전환되는 상태이다. **이 시기, 뇌는 낮에 경험한 일들을 임시 보존 상태에서 장기 보존 영역으로 옮기기 시작한다.** 촬영한 사진을 클라우드에 백업하듯이, 하루의 기억을 뇌의 장기 보존 영역으로 이동하는 것이다.

우리는 꿈을 꾸며
감정을 정리한다

하버드대학의 로버트 스틱골드(Robert Stickgold) 교수는 '꿈은 단순한 공상이 아니라, 감정과 기억을 정리하는 중요한 역할을 하고 있다'고 말했다.

그의 연구에 따르면, **우리가 꿈을 꾸는 동안 뇌는 낮에 얻은 새로운 정보와 경험을 정리하여 기억으로 저장한다**고 한다.

특히 강렬한 감정을 동반한 사건들이 꿈속에서 처리됨으로써 정신적인 안정을 얻게 되며, 이러한 과정은 마음에 활력을 불어넣는 데 도움이 된다.

꿈을 꾸는 것 자체가 뇌 건강을 유지하기 위한 필수 활동의 일환이라고 할 수 있다. 많은 수면 전문가들은 꿈이 감정 정리 담당으로서 중요한 역할을 한다고 입을 모아 이야기한다. 다음 페이지에서 소개할 3가지 기능이 특히 주목받고 있다.

KEY NOTE
**감정을
이해하는
시공간, '꿈'**

감정의 해독

강렬한 감정을 동반한 기억을 보다 평온한 기억으로 전환합니다. 낮에 느꼈던 분노와 불안을 꿈속에서 다양한 형태로 변화시키며 감정의 영향력을 약화시키는 겁니다.

해결책 모색

꿈속에서 다양한 시나리오를 마주함으로써, 현실의 문제 해결을 위한 더 나은 대처 방안이 떠오르기도 합니다. '꿈속에서 효과적이었던 대응방식'이 실제 상황에서 힌트가 될 수 있습니다.

기억의 선별

여러 기억의 조합을 통해 새로운 관점을 발견하기도 합니다. 언뜻 무관해 보이는 기억들이 꿈속에서 예상치 못한 형태로 연결되어 새로운 발상이 도출되는 것입니다.

잠을 자도 **그 사람**이
머릿속에서 떠나지 않는다면?

수면의 질이 좋지 않으면 잠을 자더라도
그 사람에 대한 기억이 더욱 선명해질 수 있다.
특히 다음과 같은 수면 패턴은 반드시 피해야 한다.

첫째, 잠들기 직전까지 그 사람을 생각하며 뒤척이는
것. 그렇게 되면 뇌는 그에 대한 기억을 오늘의 중요한
일로 저장하게 된다.
둘째, 7시간보다 짧게 자고 일어나는 것. 충분히 자지
못하면 기억을 제대로 정리할 수 없어 감정적인
기억이 머릿속에 생생하게 남는다.
셋째, 얕은 수면 상태가 계속되는 것. 깊게 잠들지
못하면 기억의 해독, 즉 감정적인 영향을 약화시키는
처리가 충분히 이루어지지 않는다.

이러한 상태가 계속되면 그 사람의 존재가
머릿속에서 점점 커지게 된다. 워커 박사는 수면과
감정적인 기억의 관계에 대해 중요한 연구 결과를
발표했다. 그는 이 연구에서 수면 부족이
감정 반응에 어떤 영향을 미치는지 조사했다.
그 결과, 잠을 충분히 자지 못한 사람의

편도체 반응이 약 60% 이상 증가한다는 사실이 밝혀졌다. 이는 수면 부족이 감정적인 반응을 크게 증가시킨다는 것을 의미한다.
그러므로 잠을 제대로 자지 못하면 그 사람에 대한 부정적 감정이 더욱 강화될 수 있다.

핵심은 '90분'의 시간이다.
우리의 잠은 약 90분을 하나의 주기로 하여,
얕은 수면 → 깊은 수면 → 렘수면(꿈을 꾸기 쉬운 상태)
순으로 이행한다.

우리는 언제 수면 주기가 불안정하다고 말할까?
만약 다음과 같은 패턴에 해당된다면 주의가 필요하다.

쉽게 잠들지 못하고 30분 이상 이불 속에서 뒤척인다.
밤중에 두 번 이상 잠에서 깬다.
잠에서 깨자마자 그 사람이 머릿속에 떠오른다.
휴일에 과도하게 오랫동안 잠을 잔다.
낮에 갑자기 강한 졸음이 쏟아진다.

이러한 불안정한 수면 주기가 계속되면 얕은 수면 시간이 증가하게 된다. 그 결과, 편도체의 흥분 상태가 밤새 진정되지 못해 감정적인 기억이 더욱 생생하게 뇌리에 새겨지게 된다.

그 사람에 대한 부정적인 감정은 깊어지고, 한밤중에 잠에서 깨어 생각에 사로잡히는 악순환에 빠질 수 있다. 휴식 시간이 되어야 할 수면이 그 사람의 존재를 부각시키는 계기가 되는 것이다.

그렇다면 어떤 수면이 그 사람의 영향력을 약화시킬까?

워커 박사의 연구팀은 수면의 질이 감정 기억에 어떻게 영향을 미치는지에 대한 새로운 사실을 밝혀냈다. 수면의 질을 높이면 괴로운 감정을 동반한 기억이 약 30% 옅어진다는 것이 확인되었다.

건강한 수면 주기를 유지할 때 뇌는 효율적으로 기억을 정리한다. 깊은 수면 단계에서 과도한 감정이 조금씩 사라지고, 그 사람에 관한 기억은 보다 객관적인 기억으로 다시 저장된다.
또한 렘수면 중 꾸는 꿈은 그 사람과의 관계를 다른 각도에서 바라보는 계기를 제공한다.
무엇보다 긍정적인 경험이 우선적으로 기억되기 때문에 아침에 일어났을 때 건설적인 사고를 하며 하루를 시작할 수 있다.
즉, 불안정한 수면 주기는 그 사람의 영향력을 강화시키고, 건강한 수면 주기는 그 사람의 존재와 적절한 거리를 유지할 수 있도록 도와준다.

KEY NOTE
**그 사람을
사라지게 하는
건강한
수면 주기**

건강한 수면 주기의 신호

○ 잠자리에 들면 15분 안에 잠에 빠진다.
○ 밤중에 잠에서 깨도 바로 다시 잠든다.
○ 아침에 자연스럽게 잠에서 깬다.
○ 낮에 극단적인 졸음이 오지 않는다.
○ 휴일에도 평일과 거의 비슷한 시각에 일어난다.

건강한 수면 주기의 긍정적 효과

○ 감정적인 기억의 해독:
  깊이 잠들었을 때, 그 사람에 관한 기억에서
  과도한 감정이 조금씩 사라진다.
○ 새로운 시점의 획득:
  렘수면 중에 꾸는 꿈을 통해 그 사람과의 관계를
  다른 각도에서 볼 수 있는 계기를 찾게 된다.
○ 건설적인 기억의 강화:
  그 사람과 관련된 것 이외의 긍정적인 기억과 경험이
  우선적으로 정착한다.

건강한 수면 주기를
만드는 생활 습관

워커 박사는 질 좋은 수면을 위해 아래
3가지가 중요하다고 지적하였다.

매일 밤 같은 시각에 잠자리에 든다.
매일 아침 같은 시각에 일어난다.
취침 전에 휴식 시간을 갖는다.

특히, '취침 전 휴식 시간'은 시간대에 따른
구체적인 설정이 필요하다. 이를 실천으로
옮기기 위한 방법들을 살펴보고자 한다.

**취침 2시간 전부터 의식적으로 생체 시계를
조절해야 한다.** 매일 같은 시각에 잠자리에 들기
위해서이다. 예를 들어 밤 10시에 잠자리에 들기로
계획했다면, 저녁 8시 이후에는 뇌를 흥분시키지
않도록 행동해야 한다.

핸드폰이나 컴퓨터는 블루라이트 차단 모드로 전환한다.
업무 메일 체크는 되도록 줄인다.
SNS를 통한 다른 사람들과의 교류를 최소화한다.

특히 이 시간대에 그 사람에 관한 정보를 접하지 않는 것이 중요하다. 업무 메일을 확인하고 '그 사람한테 답장이 왔잖아?'라고 생각하거나, SNS를 보고 '그 사람이 게시물을 올렸네.'라고 생각하는 등 그 사람에게 신경을 쓰기 시작하면 최악의 상태가 된다. 이러한 정보들은 수면의 질을 떨어뜨린다.

취침 1시간 전부터는 뇌를 수면 상태로 전환시키는 중요한 준비 시간이다. 워커 박사가 강조하는 휴식 시간의 핵심 시간대이다.

욕실을 따뜻하게 하고 욕조에 좋아하는 입욕제를 넣는다.
따뜻한 물에 천천히 몸을 담근다.
기분을 안정시키는 향을 맡는다.
조용한 음악을 듣는다.
가벼운 스트레칭을 한다.

잠들기 전 목욕이 좋은 이유는 체온 변화에 있다. 따뜻한 목욕을 한 후 조금 높아진 체온이 서서히 내려가는 과정에서 자연스럽게 잠이 오게 된다. 이때, 우리의 뇌도 자연스럽게 휴식하게 된다. 그래서 밤에는 샤워만으로 끝내지 말고, 욕조에 몸을 담그는 습관을 들이면 좋다.

취침 30분 전부터가 가장 중요한 시간대이다.
이 시간을 어떻게 보내느냐에 따라, 그날 밤 수면의
질이 크게 달라진다. 매일 같은 시각에 잠드는
습관을 들이기 위한 중요한 시간이기도 하다.

나쁜 습관:
핸드폰으로 그 사람의 SNS 소식을 확인한다.
다음 날에 있을 회의나 해야 할 일을 생각한다.
못 잘지도 모른다고 걱정한다.

좋은 습관:
천천히 심호흡을 한다.
기분 좋은 기억을 떠올린다.
잠이 온다는 감각에 솔직해진다.

특히 권하는 것은 오늘 좋았던 일 3가지를 되짚어
보는 습관이다. 비록 그 사람 때문에 불쾌한 순간이
있었다 해도, 다른 좋은 일도 있었을 것이다.

맛있는 간식을 먹은 일
거리에 핀 예쁜 꽃을 발견한 일
멋진 카페에 찾아간 일

사소한 일이어도 괜찮다. 좋은 기억들을 떠올리는
것만으로도 편도체의 과도한 활동이 억제되어

편안한 마음으로 잠들 수 있게 된다.
그리고 다음 날 아침, 정해진 시각에 기상하게
되어 바람직한 수면 주기가 형성되기 시작할 것이다.

하지만, 질 좋은 수면을 위해 노력해도 밤중에
잠에서 깨는 일이 있을 수 있다. 특히 그 사람이
너무 신경 쓰이는 시기에는 한밤중에 깨어나
생각에 잠기기 쉽다.

**그럴 때, 이불 속에서 15분 이상 생각에 빠져서는
안 된다.** 잠에서 깨어 그 사람을 생각하기 시작하면
그것만으로도 편도체가 활성화된다. 15분 이상
잠들지 못했다면 일단 자리에서 일어나 다음과 같은
기분전환을 시도해 보자.

물을 한잔 마신다.
천천히 심호흡을 해본다.
양쪽 어깨를 돌린다.
스트레칭을 한다.

이때, 너무 밝은 빛 아래 있지 않도록 주의해야 한다.
어둑한 간접조명으로 충분하다. 마음이 편안해지는
조도를 유지하는 것이 핵심이다.

또한, 자다 깼을 때 시계나 핸드폰을 보는 것은 금물이다.

아직 3시라니.
3시간밖에 못 자겠는데.

이런 생각을 하게 될 것이 분명하다.
시간 확인은 불안과 초조함을 불러일으킬 가능성이 크다. 알람 시계는 조금 떨어진 곳에 두고, 시간을 신경 쓰지 않도록 하자.

핸드폰 또한 가급적 보지 않는 것이 좋다.
한번 보기 시작하면, 답장이 오지 않은 메일이나 채팅, SNS 등이 신경 쓰여 각성 상태가 될 수 있다.

아무리 해도 그 사람 생각이 떠나지 않을 때는
'그 사람에 대해서는 내일 아침 9시에 생각하기로 하자'고 구체적인 시간을 정해 놓는 것이 좋다.
그저 막연히 '나중에 생각하자'가 아니라 '지금은 잘 시간이니 생각은 내일 아침 9시에 해야지'라고 명확하게 정하면, 뇌가 '지금 생각해야 한다'는 강박에서 한결 자유로워질 수 있다.

고민거리를 아침으로 미루는 것에는 다른 장점도 있다. 아침에는 감정 기복이 비교적 적은 편이다.

이 시간대에 중요한 업무나 결정을 하게 되면 보다 냉정한 판단을 할 수 있다. 또한, 낮에 햇볕을 쬐면 생체 시계가 초기화되어 밤에 깊이 잠들 수 있게 된다. 아침에 생각한다고 정해 두면, 밤에 느끼는 답답함에서 해방될 수 있을 것이다.

취침 전 휴식 시간이 중요해!

규칙적인 생활로
건강하게 잠들기

평일의 수면 부족은 휴일에 보충하면 돼.

이렇게 생각하는 사람이 꽤 많을 것이다. 하지만 한꺼번에 몰아 자는 것에는 커다란 허점이 있다. 잠을 한꺼번에 몰아 자면, 그 사람에 대한 기억이 머릿속에 더 선명히 각인될 위험에 빠질 수 있다.

워커 박사는 **휴일에 평일보다 2~3시간 더 오래 자면 생체 시계가 흐트러져 월요일 아침에 일어나기가 더 어려워진다고 지적한다.**
이는 '사회적 시차'라고 불리는 현상이다.

평일과 휴일의 수면 시간 차이가 크면 생체 시계가 혼란을 일으켜, 한 주의 시작부터 컨디션이 저하될 수 있다. 이런 상태에서 그 사람을 마주하게 되면 평소보다 더 감정적으로 대응하기 쉽다.
워커 박사는 매일 일정한 수면 스케줄을 유지하는 것이 수면의 질을 높이고 건강한 생활 리듬을 유지하는 데 중요하다고 강조한다.

그렇다면 구체적으로 어떻게 하면 좋을까?

휴일 수면에서 가장 중요한 것은 기상 시간을 평일과 동일하게 유지하는 것이다. 만약 평일에 매일 아침 7시에 일어난다면 휴일에도 똑같이 7시에 일어나는 것이 이상적이다.

그렇지만, 졸린데 어떡하지….

그렇게 느끼는 것은 당연하다. 하지만 아무리 졸려도 밤까지 참으면, 그날 밤에는 자연스럽게 잠들 수 있게 된다.
반대로, '휴일이니까' 하는 생각으로 다시 이불 속에 들어가 늦잠을 잔다면, 밤이 되어도 잠들기 어려워지고 결국 월요병에 시달리는 악순환으로 이어질 수 있다.

수면은 그 사람에 대한 감정과 기억에 큰 영향을 미친다. 그렇기에 수면의 질을 떨어뜨리는 행동은 피하는 것이 좋다.
다음 페이지의 방법들을 실천함으로써 수면의 질을 높일 수 있다. 당연한 이야기지만 이 습관들을 모두 지킬 필요는 없으며, 자신에게 맞는 것부터 조금씩 시작해 보는 것으로도 충분하다.

KEY NOTE
**수면의 질을
높이는
생활 수칙**

침실 환경 조성

- 온도는 18~23도를 유지하기
- 습도는 50~60%가 이상적
- 따뜻한 색 계열의 간접조명을 쓰기
- 핸드폰은 머리맡에 두지 않기

잠들기 전 습관 점검

- 커피 등 카페인은 점심까지만 섭취하기
- 저녁식사는 잠자기 3시간 전에 마치기
- 목욕은 잠자기 1~2시간 전에 마치기
- 침실에서는 일하지 않기

쾌적한 아침 기상

- 알람 시계는 손이 닿지 않는 곳에 두기
- 잠들기 전에 커튼을 살짝 열어 두기
- 일어나자마자 햇볕 쬐기
- 가벼운 운동과 심호흡으로 몸을 깨우기

KEY NOTE
수면 딜레마 극복을 위한 생활 수칙

'자야 하는데'라고 생각할수록 오히려 잠들기 어려워집니다. 이는 누구나 한 번쯤 겪어 본 딜레마일 것입니다. 특히 그 사람이 신경 쓰이는 시기에 딜레마에 빠지기 쉽습니다. 그럴 때 다음과 같은 방법을 활용해 봅시다.

잠들지 못해도 괜찮다고 생각하기

가끔 잠 못 드는 밤이 찾아오는 것은 자연스러운 일입니다. 완벽한 수면을 목표로 하기보다는, 마음을 편히 먹는 것을 우선합니다.

잠자리에 드는 시간 정하기

잠이 오지 않더라도 정해진 시간에 잠자리에 듭니다. 누워서 눈을 감고 있는 것만으로도 수면에 효과적입니다.

잠들지 못할 때를 위한 릴렉스 방법 찾기

조용한 음악을 듣고 아로마 향기를 맡는 등의 릴렉스 방법을 찾아봅니다. 어깨나 고관절 스트레칭, 호흡 조절하기도 도움이 됩니다.

또한, 잠들지 못하는 시간도 수면 준비 시간으로
유용하게 활용할 수 있다.

잠들지 못할 때, '빨리 자야 하는데…'라는
생각이 들어 조급해지지만, 이런 초조한
마음이야말로 불면을 초래하는 원인이 된다.

잠들지 못하고 있다면, 잠들지 않아도 괜찮아.

이렇게 생각해 보자. 잠들지 못하는 시간조차도,
뇌와 몸을 회복하는 소중한 시간이 될 수 있다.
'잠들지 못하더라도, 누워서 쉬고 있는 것만으로도
힐링이 된다'고 여기게 되면 이상하게도 마음이
한결 편안해진다.

밤에 그 사람이 떠오르는 순간에도 마찬가지이다.
생각났다고 해서 바로 지우려고 애쓸 필요는 없다.
'지금은 그 사람이 떠오른 것뿐이야'라고 하며
마음을 편히 먹는다. 그리고 마치 하늘에서 자신을
내려다보듯, 제3자의 시점에서 관찰해 보자.

집착하지 말고, 무리하게 잊으려 하지 않아도 된다.
**이따금, 잠들지 못하는 밤이 찾아오는 것은 자연스러운
일이다.** 자리에 누웠을 때 그 사람이 떠오르는 것도
마찬가지다.

이런 순간들 역시 인생의 한 장면일 뿐이라고
받아들이는 유연한 태도를 가지면, 좀 더 편안히
잠들 수 있을 것이다.

수면은 그 사람과의 관계를 바꿀 수 있는 중요한
열쇠이다. 그러니 잠들지 못한다는 사실에
일희일비하기보다는, 느긋한 마음으로 편안한
밤을 보내 보자.

잠든 사이 그 사람이 머릿속에서 사라졌다

5장 마무리

그 사람을 사라지게
하기 위해서는
'잠'이 중요하다

TIP!

◇ 뇌는 밤이 되면 감정을 정리하며, 깊은 수면은 그 사람을 머릿속에서 지우는 기회가 됩니다.
◇ 수면의 질에 따라 그 사람이 더욱 선명하게 기억될 수도, 자고 일어나면 머릿속에서 사라질 수도 있습니다.
◇ 휴일에 한꺼번에 몰아 자서는 안 됩니다.
◇ 매일 같은 시각에 일어나도록 노력합니다.

대상을 있는 그대로 관찰하고 받아들이는 연습을 계속한다면
그 사람이 눈앞에 있다고 해도 냉정하게 마주할 수 있게 될 것이다.

6장

마음을 편하게 만드는
5가지 뇌 훈련법

4-7-8 호흡법으로 편도체 진정시키기

우리의 뇌, 특히 편도체는 그 사람에 대해 과도하게 반응하는 경향이 있다. 하지만 뇌과학 연구에 따르면, 이러한 반응을 적절히 조절할 수 있다는 사실이 밝혀졌다. 특히 주목할 점은 편도체의 반응을 차분하게 가라앉히는 방법이 과학적으로 증명되었다는 사실이다. 이번 장에서 소개할 5가지는 모두 연구를 통해 그 효과가 입증된 방법들이다.

가장 쉽고 효과적인 방법은 미국의 의사 앤드루 웨일(Andrew Weil) 박사가 개발한 '4-7-8 호흡법'이다. 이 호흡법은 편도체의 과도한 반응을 빠르게 억제하고 부교감신경을 활성화한다.

'4-7-8 호흡법'이란 그 이름처럼
4초 → 7초 → 8초의 순서를 지키는 호흡법이다.

4초간 천천히 코로 숨을 들이쉰다.
7초간 숨을 참는다.
8초간 천천히 입으로 숨을 내쉰다.

조금 더 구체적인 순서는 다음과 같다.
이 과정을 한 세트로 하여 3~4번 반복한다.
직접 해 보면 알 수 있겠지만, 보통 들이쉬기는
의식하는데 내쉬기는 그다지 의식하지 않기
때문에 길게 내쉬기가 생각보다 어렵다는 것을
실감하게 될 것이다.

① 준비
자세를 바르게 하고 먼저 코로 조용히 숨을 내쉰다.
이때 폐 안의 공기를 완전히 내뱉는 것을 의식한다.

② 들이쉬기
코로 4초 동안 천천히 숨을 들이마신다. 이때 배가
부풀도록 의식하면 더욱 깊은 호흡을 할 수 있다.

③ 참기
숨을 들이쉰 후 7초 동안 참는다. 어깨와 얼굴의 근육을
이완시키고, 오롯이 숨을 참고 있는 감각에 집중한다.

④ 내쉬기
입을 살짝 벌리고 8초 동안 후 ― 하고 소리를 내며
천천히 숨을 내쉰다.

**호흡이라는 단어의 첫 글자는 '숨을 내쉰다'는
의미를 가진 '호(呼)'이다. 그만큼 내쉬기가
호흡에서 중요한 과정임을 알 수 있다.**

이 호흡법을 실천했을 때,
다음과 같은 효과를 기대해 볼 수 있다.

부교감신경이 활성화되어 심박과 혈압이 안정된다.
그 사람에 대한 과도한 반응이 누그러진다
밤에 좀 더 쉽게 잠들 수 있게 된다.

처음에는 숨을 참거나 길게 내쉬는 것이 어렵게
느껴질 수 있다. 그렇다면 무리하지 않는 범위에서
시작하여 점차 이상적인 수치에 가까워지도록
연습하면 된다. 익숙해지면 반복 횟수를 늘려도 좋다.
꾸준히 실천하는 것이 가장 중요한 법이다.

마음챙김으로
편도체의 긴장 풀기

두 번째로, '마음챙김'으로 편도체의 긴장을
푸는 방법이 있다.

**마음챙김이란 지금 이 순간의 감각과 생각, 감정에
집중하는 알아차림의 연습이다.**
본래 불교의 명상법에서 유래하였으나 현재는
과학적으로 효과가 입증된 심리 훈련 방법으로,
전 세계에서 널리 실천되고 있다. 편도체의 과잉
반응을 억제하는 효과가 있으며 그 사람에 대한
감정적인 반응을 누그러뜨리는 데 도움이 된다.

그 사람을 떠올렸다는 걸 알아차렸다면, '아, 지금
그런 생각이 떠올랐을 뿐이구나' 하고 냉정하게
관찰한다. 생각을 억지로 떨쳐내려고 하지 말고,
있는 그대로 인정하는 것이 중요하다.
그리고 그 사람에 대한 생각으로 스트레스가
쌓일 때는 '보디 스캔' 명상법이 특히 효과적이다.
우리 몸의 어느 부위가 경직되어 있는지 탐색하고
알아차리는 것만으로도 무의식적인 긴장 상태에서
서서히 벗어날 수 있다.

**KEY NOTE
편안한
일상을 위한
마음챙김**

마음챙김 호흡법

- 처음에는 5분 정도로 시작하기
- 조용한 장소에서 편안한 자세 취하기
- 숨을 들이쉬고 내쉬는 감각에 의식 집중하기
- 그 사람이 떠오르더라도 비난하거나 부정하지 말고 관찰하기

보디 스캔 명상법

- 잠들기 전 10분을 활용하기
- 누워서 눈을 감고 신체 각 부위(머리, 목, 어깨, 가슴, 등, 허리, 엉덩이, 허벅지, 무릎, 종아리, 발목, 발가락)에 차례로 주의 집중하기
- 머리에서 발끝까지 살피며 긴장하고 있는 부위를 찾기
- 긴장하고 있는 부위로 천천히 숨을 내보낸다고 생각하고 이완시키기

걷기 마음챙김

- 출퇴근 시간을 활용하기
- 보폭을 작게 해서 천천히 걷기
- 발바닥이 지면에 닿는 감각에 집중하기
- 주변의 소리나 풍경을 평가하지 말고 그저 관찰하기

마음챙김의 핵심은 평가하지 말고 관찰하는 것이다.

눈앞에 큰 소리로 떠들며 걸어가는 사람이 있을 때
'거리에서 큰 소리로 떠들다니'라고 생각하기보다는
'목소리 큰 사람이 있구나' 하고 수긍하는 식으로 그저
관찰한다. 오래된 빌딩이 있다면 '지진이 나면
큰일나겠는데' 생각하며 겁을 먹기보다는 '역사가
있는 건물이구나' 하고 있는 그대로 관찰하는 것이다.

평가하는 행위는 우리의 감정을 흔들고 분노와
불안을 일으킨다. 하지만 대상을 있는 그대로
관찰하고 받아들이는 연습을 계속한다면 그 사람에
대한 분노도 가라앉힐 수 있고, 설령 그 사람이 눈앞에
있다고 해도 냉정하게 마주할 수 있게 될 것이다.

관찰은 마음에 평온을 가져다준다.

마음챙김을 꾸준히 실천한다면,
다음과 같은 효과를 기대해 볼 수 있겠다.

스트레스 호르몬의 분비가 억제된다.
감정적인 반응이 차분해진다.
그 사람에 대한 과도한 반응이 줄어든다.
수면의 질이 개선된다.

또한, 마음챙김은 언제 어디서나 실천할 수 있다.

아침에 일어났을 때 실천하면 그날 하루를 평온한 마음으로 지낼 수 있다. 그 사람을 만나기 직전에 마음을 안정시키기 위한 방법으로도 좋다. 밤에 잠들기 전에 실천하면 하루 동안 쌓인 잡념을 흘려보내고 수면의 질을 높이는 데 도움이 될 것이다.

가벼운 운동으로
편도체 안정시키기

그 사람에 대한 생각에 너무 깊이 빠져든다면,
가볍게 몸을 움직여 보는 것도 좋은 방법이다.

연구에 따르면, 가벼운 운동은 편도체의 과잉
반응을 억제하는 데 효과적이라고 한다.
이는 운동을 할 때 뇌에서 감정을 진정시키는
호르몬인 엔돌핀과 세로토닌의 분비가 촉진되기
때문이다. 동시에 스트레스 호르몬인 코르티솔의
분비도 억제된다. 또한, 운동은 전두전피질을
활성화하여 편도체의 과도한 활동을 억제하기도
한다.

다음과 같은 운동들은 그 사람을 만나기 전과 후,
쿨다운(cool-down)에 활용할 수 있다.
중요한 것은 과격한 운동을 하기보다는
천천히, 차분하게 몸을 움직이는 것이다.
이런 움직임만으로도 편도체는 안정될 수 있고,
마음도 편안해진다.

KEY NOTE
마음을 편하게 만드는 생활 속 운동

걷기

- 자투리 시간에 큰 보폭으로 5분 정도 걷기
- 이른 아침이나 저녁에 15~20분 정도 걷기
- 공원이나 숲, 바닷가 등 자연 속에서 걷기
- 심호흡하며 걷기

스트레칭

- 업무 중간중간 틈을 내어 가벼운 스트레칭하기
- 어깨 돌리기, 목과 고관절 스트레칭 등 간단한 동작 반복하기
- 심호흡하며 스트레칭하기

요가

- 의자에 앉은 채로 간단하게 몸풀기
- 등을 곧게 펴는 요가 동작하기
- 어깨의 힘을 빼는 요가 동작하기

감사 연습으로
긍정적인 편도체 만들기

편도체의 반응을 안정시키는 방법으로 주목받고
있는 또 한 가지가 감사 연습이다.

감사하는 마음을 가지면 뇌에서 도파민과
세로토닌 등 행복 호르몬의 분비가 촉진되어
편도체의 과잉 반응이 간접적으로 억제될
것으로 기대된다.

감사 연습은 누군가 발명한 것이 아니며,
오래전부터 종교 의식이나 심리 요법의 형태로
활용되어 왔다. 현대에 들어 긍정 심리학 분야에서
과학적으로 효과가 입증되면서 더욱 폭넓게
활용되고 있다.
긍정 심리학이란 과학적으로 인간의 행복과
웰빙을 연구하는 학문이다.
이 연습법의 효과를 과학적으로 밝힌
대표적인 연구자로는 펜실베이니아대학의 마틴
셀리그먼(Martin Seligman) 박사와 UC 데이비스
대학의 로버트 에몬스(Robert A. Emmons) 박사가
있다. 셀리그먼 박사는 매일 감사했던 일을 찾아

감사 일기를 쓰면 행복감이 높아지고 마음이 건강해진다고 강조한다. 에몬스 박사 역시 '감사하는 것은 몸과 마음에 좋은 영향을 준다'는 주제로 다양한 연구를 수행하며 효과를 입증해 왔다.

미국과 캐나다에는 추수감사절이라는 기념일이 있다. 17세기에 아메리카 대륙에 상륙한 순례자들이 작물을 처음으로 수확한 뒤 신에게 감사 인사를 드렸던 일에서 유래한 날이라고 한다.
때때로 상담 중에 "선생님, 저는 감사할 일이 아무것도 없는 날이 많아요."라고 말씀하시는 분들이 계신다. 감사할 일이 없다고 느낄 때는 '오늘 하루를 무사히 살아낼 수 있었던 것은 멋진 경험이었습니다. 감사합니다.'라고만 적어도 된다. 살아 있다는 것은 그 무엇과도 바꿀 수 없는 소중한 일이므로.

KEY NOTE
마음 건강을 위한 감사 연습법

감사 일기 쓰기

매일 그날의 감사했던 일을 기록합니다. 불쾌한 일이 있었던 날이라도, 좋았던 일이 한 가지 정도는 생각날 겁니다. 동료와 웃는 얼굴로 인사했던 일, 맛있는 커피를 마셨던 일, 지하철에 빈자리가 있었던 일 등 사소한 것이어도 좋습니다. 이런 일들을 일기에 쓰는 것만으로도 조금 더 행복해질 수 있을 겁니다.

감사 표현하기

가까운 사람에게 감사의 말을 직접 표현해 보세요. '고마워'라는 말은 관계를 더 좋게 만들고, 말하는 사람의 기분도 편안하게 만듭니다.

자기 전에 감사하는 시간 갖기

잠들기 전에 그날의 좋았던 일 3가지를 떠올립니다. 좋았던 일에 집중하며 감사하는 마음을 가지면 한결 편안한 기분으로 잠들 수 있습니다. 매일 이 과정을 꾸준히 실천하다 보면 그 사람에 대한 부정적인 감정에 휘둘리지 않고 마음의 안정을 유지할 수 있을 것입니다.

생활 습관 개선으로
튼튼한 편도체 만들기

우리 뇌의 편도체는 여러 신경전달물질의 영향을 받는다. 특히 세로토닌, 노르아드레날린, GABA 등은 편도체의 활동에 직접적인 영향을 주는 것으로 알려져 있다.

① 세로토닌
편도체의 과잉 반응을 억제하고 감정을 안정시킨다.
② 노르아드레날린
스트레스 반응과 각성에 관여하며, 위급한 상황에서 빠른 반응을 유도한다.
③ GABA(감마 아미노부티르산)
편도체의 과도한 활동을 진정시킨다.

이 물질들이 균형을 이룰 때 편도체는 적절한 감정 반응을 보인다. 하지만 스트레스나 피로가 쌓이면 이 밸런스가 무너지기 쉽다. 편도체의 밸런스가 무너지면 그 사람에 대해 과잉 반응을 일으키게 된다.

이 신경전달물질의 균형을 유지하기 위해, 다음

방법들을 기억하고 일상생활에서 실천해 보자.

첫째, 규칙적인 생활 리듬을 유지한다. 정해진 시간에 기상하고 취침하며, 균형 잡힌 식사와 적절한 운동을 챙긴다.
둘째, 스트레스 해소법을 찾는다. 취미 시간을 확보하고, 마음을 편하게 해 주는 음악을 듣거나 자연 속에서 시간을 보내며 스트레스를 관리한다.
셋째, 휴식의 질을 높인다. 점심시간을 효과적으로 활용하여 짬짬이 쉬어 주고, 매일 충분한 수면 시간을 확보한다. 또한, 주말에는 꼭 재충전하는 시간을 가진다.

이러한 습관들을 꾸준히 실천하면 뇌 속 신경전달물질이 균형을 이루게 되고, 편도체의 반응도 점차 안정될 것이다. 그 결과, 그 사람에 대한 과도한 반응도 자연스럽게 가라앉게 된다. 바른 생활 리듬은 우리의 마음을 건강하게 만들어 준다.

6장 마무리

훈련을 통해 긍정적이고 건강한 뇌 만들기

TIP!

◇ 5가지 뇌 훈련법(4-7-8 호흡법·마음챙김·가벼운 운동·감사 연습·생활 습관 개선)으로 편도체를 안심시키고, 머릿속에서 그 사람을 사라지게 해 봅시다.

우리는 때때로 우리 안에 그 사람에 대한 이미지를 만들어 놓고,
그 이미지에 휘둘리곤 한다.

7장

실천!
나를 힘들게 하는
그 사람 대처법

'엄격한 상사' 대처법

부장님 목소리만 들려도 심장이 두근거려요.

나카무라 씨(39세, 남성)의 이야기다.

부장님이 새로 부임한 지 1년. 다른 직원들 앞에서 사소한 실수를 지적받은 후부터 나카무라 씨는 부장님이 불편해지기 시작했다. 직장 내 괴롭힘이라고 할 정도는 아니었고, 동료들도 "별일 아니니 너무 신경 쓰지 마"라고 말해 주었지만 나카무라 씨에게는 큰일로 느껴졌다.

실수를 지적하는 상사에게 편도체가 과잉 반응하는 것은 자연스러운 일이다. **그가 우리의 생존을 위협하는 존재로 인식되기 때문이다.** 하지만 이러한 반응이 지속되면 다음과 같은 악순환에 빠질 수 있다.

상사의 목소리만 들려도 긴장하거나 손이 떨린다. 실수를 걱정한 나머지 평소 실력도 발휘하지 못한다.

귀가 후에도 상사와의 일이 머릿속에서 떠나지 않는다.
잠을 못 자는 날이 이어져 업무 능률이 떨어진다.

그렇다면 편도체의 반응을 조절하기 위해 어떻게
하면 좋을까? 이 경우, 영화화 테크닉(76쪽)과
신체화 테크닉(92쪽)의 조합이 가장 효과적일 것이다.

귀가 후, 상사와 있었던 일이 계속해서 떠오른다면,
우선 심호흡을 하며 당시 상황을 영화의 한 장면이라
여기고 객관적으로 바라본다. 스크린에 상영되는
장면을 보듯이 조금 거리를 두고 응시하는 것이다.
그리고 자신의 몸 상태에 집중한다. 어깨에 힘이
들어가 있다면 힘을 빼고, 숨이 얕아졌다면 깊게
쉬어 보자. 이와 같은 간단한 행동만으로도 편도체를
진정시킬 수 있다.

더불어, GABA의 기능을 활성화시키는 것도
도움이 된다.
GABA는 뇌를 안정시키는 신경전달물질로,
편도체의 과도한 활동을 억제하는 효과가 있다.
밤에 따뜻한 물을 채운 욕조에 천천히 몸을 담그면
GABA의 활성화를 촉진시킬 수 있다.
일이 있었던 당일에 편도체를 안정시켜 주면 다음
날까지 이어지는 영향을 최소화할 수 있다.

나카무라 씨는 이 방법을 실천한 지 약 2주 만에
변화를 느끼기 시작했다.

"영화를 보는 기분으로 부장님과의 일을 바라보게
되었어요. 내 몸이 긴장하고 있다는 것을 알아차렸고,
스스로 긴장을 풀 수 있게 되었습니다."

실수를 지적하는 상사를 대하는 것이 힘들어졌을
때는 편도체를 안정시키고 마음을 편안하게 만들
구체적인 방법들을 실천하는 것이 중요하다.
상대를 바꿀 수는 없지만 자신의 반응은 과학적으로
컨트롤할 수 있기 때문이다.

'건방진 후배' 대처법

선배의 지시를 따를 수 없습니다.
제 방식이 더 효율적이니까요.

IT시스템개발회사 신입사원 무라타 씨의 말이다.

그의 실력이 출중한 건 분명하다. 프로그래밍
지식도 풍부하고 처리 속도를 높이는 기술도
뛰어나다. 하지만 팀 작업에서 익숙한 코드가
중요하다는 점에 대해서는 전혀 들으려 하지 않았다.
다나카 씨(35세, 남성)는 난감할 수밖에 없었다.

"지도 담당으로서 제 책임이 있는데 도대체 말을
듣지 않네요. 그 사람을 보는 것만으로도 화가 나서
집에 와서도 마음이 가라앉질 않고 짜증이 나요."

까다로운 후배에게 편도체가 반응하는 것은
자연스러운 일이다. 하지만 감정에 휘둘리면,
본래 해야 할 일도 제대로 하지 못하게 된다.
어떻게 하면 마음이 편해질 수 있을까?

이런 상황에서는 리프레이밍 테크닉(82쪽)이
효과적일 것이다. 사물을 보는 시각을 전환하여
편도체의 반응을 완화시키는 방법이다.

**예를 들면, 건방진 후배라고 생각하던 것을,
능력과 열정이 있는, 조금 부담스러운 후배라는
이미지로 바꿔 보는 것이다.**
그러면 감정적인 반응이 조금은 가라앉게 될 것이다.
세로토닌 분비 촉진 또한 효과가 있다. 점심시간에
5분 걷기와 같이, 가벼운 운동을 일과처럼 실천하면
감정을 안정시키는 신경전달물질인 세로토닌
분비가 촉진된다. 그러면 마음이 가라앉은 상태로
후배를 대할 수 있게 될 것이다.

다나카 씨는 이 방법을 실천해 보았다고 한다.

"후배의 고집을 가능성으로 받아들이기로 한 거지요.
그러고 나니 이상하게도 그의 의견에 귀를 기울이게
되더라고요. 얼마 전에는 그 후배가 '선배의 의견도
반영해 보았습니다'라고 말하더군요."

좀처럼 말을 들으려고 하지 않는 후배 때문에
고민일 때는, 우선 자신의 관점을 바꾸는 것부터
시작해 보자. 이런 변화가 상대에게 전해지면 관계가
조금씩 좋아질 수 있을 것이다.

'나를 싫어하는 당신' 대처법

아이가 다니는 어린이집 학부모로 친하게 지내던
요시오카 씨가 저를 싫어하는 것 같아요.

고바야시 씨(35세, 여성)는 어깨가 축 처져 있다.

어린이집 행사 준비를 할 때, 운영위원인 요시오카
씨가 "이거 부탁해도 될까요?"라고 말하며
일방적으로 일을 떠넘겼기 때문이다.
다른 학부모들과는 웃으며 즐겁게 대화하는 것
같은데, 단체 채팅방에서도 유독 그의 말만
무시하는 듯하다.

저를 싫어하는 게 분명해요.
아이 등하원 시간에 정말 힘들었어요.

이처럼 느끼는 것은 편도체가 친구들로부터
거부당하는 상황을 위험 신호로 인식하기 때문이다.
한번 이렇게 생각하기 시작하면 상대의 사소한
말이나 행동만으로도 '역시 나를 싫어하는구나'라고
여기게 되어 악순환에 빠진다.

이 경우, 언어화 테크닉(96쪽)과 4-7-8
호흡법(149쪽)을 함께 사용하면 효과적일 것이다.

우선, 답답하고 불안한 마음을 다스리기 위해
'정말 그가 나를 싫어하는 게 맞을까?'라고 말로
표현해 본다. '구체적으로 어떤 장면에서 느꼈던
거지?', '실제로는 무슨 일이 있었던 거지?' 등의
질문을 던지며 사실을 정리해 보는 것이다.
아이들 등하원 시간 전에는 4-7-8 호흡법으로
마음을 진정시킨다. 냉정한 상태에서 관찰하면
그동안 미처 보지 못했던 새로운 사실을 발견할
수 있을 것이다.

고바야시 씨는 용기를 내어 학부모 중 경험이 많은
한 어머니에게 상담을 요청했다.

"고민을 말씀드렸더니 '네? 요시오카 씨가요?
오히려 그가 당신에게 많이 의지하고 있는 것처럼
보이던데요. 일을 꼼꼼하게 잘 하시니까 믿고
맡기는 거 아닐까요?'라고 말씀하시는 거예요.
깜짝 놀랐어요. 생각해 보면, 그 사람이 저를
싫어한다는 증거는 어디에도 없었어요."

이처럼 우리는 때때로 우리 안에서 그 사람에 대한 이미지를 만들어 놓고, 그에 휘둘리곤 한다.

그럴 때는 잠시 멈춰서 정말로 그런 것이 맞는지, 차분히 사실을 직시하는 것이 중요하다. 편도체의 반응에 휩쓸리지 말고, 직접 소통을 통해서 확인하는 것. 그것이 불필요한 걱정에서 자유로워지는 첫걸음이다.

'무심한 남편' 대처법

그이는 늘 듣는 척만 해요.

기무라 씨(37세, 여성)는 깊은 한숨을 내쉰다. 회사에서 힘들었던 일, 초등학생인 아들의 학교 문제 등… 어떤 대화 주제를 꺼내든, 남편은 핸드폰에서 눈을 떼지 않은 채 "아, 그래." 하고 시큰둥하게 대답할 뿐이다.

진지하게 들어 달라고 여러 번 호소했지만, 2년이 넘도록 남편의 태도는 달라지지 않았다. 부부 사이의 대화라고는 생활에 꼭 필요한 이야기뿐이다. 남편이 마음을 알아주지 않는 날들이 이어지면서 집에 들어설 때마다 어딘가 짓눌리는 기분이 들었고, 기무라 씨는 늘 긴장 속에 지내야 했다.

이처럼 가장 가까운 존재가 자신에게 무관심하다고 느끼는 것은 큰 스트레스이다. 특히 아무리 호소해도 변하지 않는다는 점이 무력감과 함께 깊은 상처를 준다.

그렇다면, 이런 상황 속에서 마음을 지키기 위해서는 어떻게 해야 할까?

마음챙김(152쪽)은 이런 상황에서 특히 효과적이다. 지금의 자신의 감정을 있는 그대로 바라보면서도 그 감정에 지나치게 얽매이지 않는 방법이다.

예를 들어, 남편의 시큰둥한 반응에 상처받았을 때, 스스로 '지금 나는 슬픔을 느끼고 있구나'라고 자각하는 것이다. 감정을 부정하지 않으면서도, 그 감정에 잠식되지 않는 상태를 유지하도록 한다. 이런 연습을 꾸준히 하다 보면, 일상의 사소한 일들에 쉽게 흔들리지 않게 된다.

기무라 씨는 마음챙김을 하루 두 번, 아침과 밤에 10분씩 실천해 보기로 했다. 차분하게 호흡하면서 자신의 감정에 서서히 집중하는 것이다. 그러자, 조금씩 변화가 보이기 시작했다.

"이상했어요. 남편의 태도가 바뀐 건 하나도 없는데, 제 마음속 슬픔이 조금씩 줄어들고 있더라고요. 남편이 알아주길 바라는 마음을 내려놓을 수 있었기 때문일지도 몰라요. 지금은 회사 일로 고민이 생기면 동료에게 이야기하고, 아들에 대한 걱정은 학교 상담사와 나눕니다. 이제 내 삶의 길은 내가 스스로 만들어갈 수 있다고 믿게 되었어요."

이처럼, 배우자의 무관심에 상처받을 때는, 우선 스스로의 마음을 먼저 돌보자. 상대를 바꾸려고 하기보다는, **자신의 감정을 알아차리고 받아들이는 방식을 바꾸어 가는 것이다.** 이는 결국, 새로운 삶을 여는 첫걸음이 될 것이다.

스스로의 마음을 아껴 주는 거야.

'SNS 중독' 대처법

또 그 사람이 올린 게시물 때문에
짜증을 내고 있더라고요.

하야카와 씨(29세, 여성)는 핸드폰을
내려놓았다. SNS를 볼 때마다 예전 동료가 올린
화려한 게시물들이 눈에 들어온다고 했다.
해외여행 사진, 예쁜 카페 사진, 친구들과 즐겁게
웃고 떠드는 사진까지….

"나는 휴일에도 집안일이랑 육아뿐인데,
'좋아요'를 누를 때마다 왠지 내가 초라해지는
기분이 들어요. 그렇다고 안 보면 친구들
사이에서 소외될까 봐 또 불안하고요."

SNS를 보면 우울해진다.
그렇다고 보지 않으면 불안하다.

결국 자꾸만 SNS를 들여다보게 되고, 볼 때마다
마음이 흔들리게 된다.
보고 싶지 않아도 자꾸 보게 되는 이 현상은

현대인 특유의 고민이라고 할 수 있을 것이다.

이 경우에는 시간제한 테크닉(85쪽)이 효과적이다. 아예 보지 말아야지, 하고 억지로 참는 것이 아니라, 언제, 얼마나 볼지를 스스로 정해 두는 방법이다.

예를 들면, 다음과 같이 규칙을 정한다.

SNS 확인은 하루 2번으로 제한
사용 시간은 한 번에 10분 이내(타이머 기능 활용)
잠들기 1시간 전부터는 보지 않기

이처럼 나만의 규칙을 정해 두면, '나중에 다시 보면 되니까' 하고 마음을 놓을 수 있어서 필요 이상으로 반응하지 않게 된다. SNS 사용에 스스로 기준을 세우면 마음도 점차 안정된다.

중요한 것은 SNS를 열어 보는 나를 부정하지 않고, 나름대로의 적절한 거리감을 찾는 것이다. 이것이 디지털 시대를 살아가는 우리에게 꼭 필요한 새로운 스킬일지도 모른다.

*

지금까지 총 다섯 가지 사례를 살펴보았다.
각 상황에서 편도체가 반응하는 것은 결코
잘못된 것이 아니다. 오히려 우리의 몸과 마음을
지키려는 정상적인 경고 신호이다.

이러한 감정 반응에 끌려다니지 않는 것이
중요하다. 영화화, 리프레이밍, 언어화, 마음챙김,
시간제한 등… 상황에 따라 적절한 테크닉을 선택하여
실천하다 보면 점차 마음이 편안해질 것이다.

**내가 상대를 변하게 만들 수는 없지만,
스스로의 반응은 과학적으로 조절할 수 있다.**
이 사실은 우리에게 큰 희망을 준다. 그 사람에게
휘둘리지 않고, 본래의 나다운 모습을 되찾을 수
있다는 확신으로 이어지기 때문이다.

그렇다면, 이러한 방법들을 익히고 나서
우리의 삶은 어떻게 달라질까?

마지막 장에서는 이 고민의 여정이 끝났을 때,
우리가 얻게 될 건강한 마음에 대해 살펴보고자 한다.

행복한 인생을 결정짓는 가장 중요한 요인.
그것은 돈도, 명예도, 사회적 성공도 아니었다.

8장

행복한 삶을 살기 위해 가장 중요한 것

내 마음이 편해야
상대의 마음이 보인다

문득 그런 생각이 들었어요.
이 방법들은 단순한 상황 대처법 그 이상이었구나,
하는 생각이요.

이 책에서 소개한 방법들을 실천한 많은 이들이
이렇게 말하곤 한다.
처음에는 그 사람 때문에 고민하고 싶지 않다는
이유만으로 시작한 것이었다.

그런데 호흡을 의식하는 습관이 생기면서 일상
속 작은 변화를 알아차리게 되었다고 한다.
지하철에서 운 좋게 자리에 앉을 수 있었던 일,
예쁜 하늘의 모습, 누군가 건넨 다정한 말 한마디까지.
그런 사소한 일들이 점점 마음에 와닿기 시작했다.

마음챙김을 실천한 사람은 주위의 풍경이
새롭게 보이기 시작했다고 말했고, 감사하는
습관을 형성해 온 사람은 주변 사람들과의 관계가
훨씬 더 따뜻하다고 느끼게 되었다고 했다.

매일 운동을 생활화한 사람은 몸과 마음에
여유가 생기며, 자연스럽게 긍정적인 사고를
많이 하게 되었음을 실감하게 되었다.

많은 이들이 자신의 마음을 지키기 위한 방법을
찾아 실천했던 것인데, 그것들이 하나하나 모여
마음을 성장시키고 있었음을 깨달았다고 했다.
즉, 이러한 방법들은 **단순한 방어 수단이 아니라,
더 건강하고 풍요로운 삶의 문을 여는 열쇠와도
같다.**
이 열쇠가 우리 인생에 어떤 긍정적인 변화를
가져오는지, 조금 더 살펴보고자 한다.

일상에 새로운 습관이 생기면, 생각지 못했던
변화들이 찾아온다.

처음에는 그 사람에 대한 긴장을 완화하기 위해
호흡을 의식하는 습관을 만들기 시작했지만,
꾸준히 실천하다 보니 출근길 지하철에서 호흡을
고르는 시간이 나 자신을 제대로 마주하는 소중한
시간으로 여겨지게 되었다.
천천히 내쉬는 호흡은 부정적인 감정을 흘려보내는
데 그치지 않고, 새로운 하루에 대한 기대를 품게
해 주었다.

운동 습관도 마찬가지였다. 마음을 진정시키기 위해 시작한 산책이, 계절의 다채로움을 느낄 수 있는 즐거움이자 새로운 발견의 시간이 되었다. 모르는 사이에 세상을 바라보는 시야도 조금씩 넓어지기 시작했다.

여기서 중요한 지점은 이러한 변화를 받아들이고 성장해 가야 한다는 것이다. 이와 같은 변화는 우리의 인생을 더 풍요롭고 충만하게 만들어 주는 선물이기 때문이다. 마음이 점차 안정되면서 일상도 분명히 변화하기 시작할 것이다.

업무를 대하는 태도에서도 변화가 나타난다. 그 사람에 대한 고민으로 가득 차 있던 시간이 눈앞에 놓인 과제에 집중할 수 있는 시간으로 바뀌었다. 이는 마음의 안정이 전두엽(뇌에서 사고와 판단을 담당하는 부분)을 활성화시키기 때문이다. 전두엽이 활성화되면 보다 창의적인 발상이 가능해지고, 정확한 판단을 할 수 있게 된다.

가족과의 시간도 훨씬 풍요로워진다. 아이들의 이야기에 귀 기울이게 되고, 배우자의 작은 변화도 알아차릴 수 있게 될 것이다.

마음이 평온할 때, 우리 뇌는 지금 이 시공간에서의
경험을 더욱 선명하게 받아들이게 된다.

가장 큰 변화는 주변 사람들과의 관계에서
나타난다. 전에는 그 사람의 말과 행동에 신경이
쓰여 참기 어려웠다면, 마음에 여유가 생긴 뒤에는
'이 사람도 그럴 수밖에 없는 사정이 있었겠지'
하고 생각할 수 있게 된다. 마음이 편안해야 다른
사람의 이야기에 더욱 공감할 수 있기 때문이다.
실제로 마음이 차분할 때 상대의 표정이나 몸짓에서
그 사람의 감정을 더 잘 읽어낼 수 있다는 것이
밝혀지기도 했다.

무엇이 사람을
행복하게 만드는가

마음이 건강해지면 흥미로운 변화가 일어난다.
사람들과의 관계가 더 따뜻해지고, 더 깊어지게 된다.
이러한 변화의 중요성은 세계에서 가장 오랜 기간
동안 진행된 행복 연구를 통해 입증되었다.

1938년, 하버드대학 연구팀은 '무엇이 사람을
행복하게 하는가'를 밝히기 위한 방대한 프로젝트를
시작했다. 하버드대학 학생 268명과 보스턴에 사는
저소득층 청년 456명, 총 724명의 삶을 추적 관찰하는
프로젝트였다.

약 85년에 걸쳐, 연구팀은 이들의 삶을 상세히
기록했다. 건강검진, 뇌 스캔, 혈액검사 결과, 그리고
무엇보다 중요한 것은 실험 대상자 본인과 가족들의
인터뷰였다. 결혼생활, 직업, 일상 습관 등 다양한
관점에서 행복한 삶을 이루는 요소들을 분석했다.

그리고 이 연구는 우리가 알고 있던 통념을 뒤집는
결론에 이르게 된다.

행복한 인생을 결정짓는 가장 중요한 요인.
그것은 돈도, 명예도, 사회적 성공도 아니었다.

연구를 이끌었던 로버트 월딩거(Robert Waldinger)
박사는 이렇게 말했다.

"85년에 걸친 추적조사를 통해 알게 된 것은,
좋은 인간관계야말로 우리를 행복하고
건강하게 만들어 준다는 사실입니다."

실제로 연구 데이터는 흥미로운 사실을 보여 준다.
좋은 인간관계를 유지하고 있는 사람들은 그렇지
않은 사람들에 비해 기억력이 좋고, 스트레스
회복이 빠르고, 인지기능 저하가 늦게 찾아왔고,
장수했다.
**특히 주목할 점은 좋은 인간관계가 뇌에 좋은
영향을 미친다는 발견이다.**

신뢰할 수 있는 사람들과 돈독한 관계를 유지한다면,
뇌가 활성화되어 치매의 위험도 줄어드는 것으로
밝혀졌다.

그렇다면, 이 연구 결과가 우리에게 중요한 이유는
무엇일까?

그 사람에 대처하기 위해 우리가 실천했던 방법들은 결과적으로 인간관계의 질적 향상으로 이어졌다. 심리적 여유가 생겨 다른 사람의 마음에 더 잘 공감할 수 있게 되고, 부드러운 태도가 주변 사람들의 신뢰를 높여 주었다. 이러한 경험의 축적을 통해 보다 풍요로운 인간관계를 쌓아갈 수 있게 된다.

즉, 그 사람을 머릿속에서 지우는 방법은 단순히 스트레스를 줄이는 데 그치지 않고, 더 행복한 삶을 살아갈 수 있게 돕는다. 좋은 인간관계를 맺는 토대가 될 건강한 마음을 만들어 주기 때문이다.

그 사람이 마음을 여는 순간

마음의 건강은 우리의 인간관계를 놀라울 만큼
풍요롭게 변화시킨다.

먼저, 대화에 변화가 생긴다. 이전에는 상대의
말을 들으면서도 어떤 대답을 해야 할지에만
몰두하고 있었다. 하지만 지금은 상대의 말뿐 아니라
그 배경과 감정까지 읽을 수 있는 여유가 생겨,
자연스럽게 깊이 있는 대화가 이어지고 서로를 더
잘 이해할 수 있게 되었다.

스스로의 감정과 소통하는 방식에도 변화가 생긴다.
누군가의 별 뜻 없는 말 한마디에 상처를 받더라도
그 감정에 휘둘리는 일이 줄어든다.
오히려 '이 사람에게도 그럴 만한 사정이
있었을지도 몰라' 하고 상상력을 발휘할 수 있게 된다.

이는 또 다른 놀라운 변화로 이어진다.

내가 마음을 열면, 상대도 마음을 열게 된다.
즉, 내가 여유를 가지면 상대와의 관계에도

자연스럽게 여유가 생긴다. 그렇게 작은
신뢰가 조금씩, 확실하게 쌓여 가는 것이다.
그에 관한 웰딩거 박사의 말이 깊은 울림을 준다.

좋은 인간관계야말로
우리를 행복하고 건강하게 만들어 줍니다.

우리가 그 사람을 머릿속에서 지우기 위한 대책으로
시작했던 실천은, 결과적으로 인생에서 가장 중요한
행복의 자산을 키워낸 셈이다.

마음의 건강은 좋은 인간관계라는 선물을 우리에게
안겨 주었다. **그 사람**으로부터 우리의 마음을 지키기
위해 시작한 실천이, 사실은 우리의 삶을 더 풍요롭게
만드는 소중한 자산이 되었다는 것. 그리고 이 자산은
앞으로도 언제나 우리 곁에서 인생의 든든한
버팀목이 되어 줄 것이라는 사실.
참으로 중요한 발견이다.

호흡을 연습하는 습관,
마음을 들여다보는 시간,
감사의 마음을 되새기는 날들.

이러한 실천들은 스트레스 사회를 살아가는
우리에게 더없이 소중한 도구가 되어 주었다.

업무에서 느끼는 압박감, 인간관계에서 오는
답답함, 미래에 대한 불안 등 수많은 과제에 대해
우리는 이제 어떻게 대응해야 하는지 알게 되었다.
그러나 그 이상으로 뜻깊은 점은, 이 실천들이 '보다
좋은 인간관계'를 형성하게 해 준다는 것이다.
85년 넘게 이어진 연구 결과가 우리에게 보여
주었듯, 좋은 인간관계야말로 행복한 삶을 향해
나아가는 가장 확실한 길이다.

그 사람에게 휘둘리지 않고 나답게 살아가기.
그런 삶은 결코 이루지 못할 이상향이 아니다.

우리는 이미 그를 위한 첫걸음을 내디뎠다.
이 책에서 소개한 방법들을 실천하기 시작한
순간부터 우리의 삶은 더 건강하고 풍요로운
방향으로 나아가고 있었다.

그러니 이것은 끝이 아니라 새로운 시작이다.
사람과의 깊은 인연이 이어지고, 더 따뜻한 일상이
계속되며, 무엇보다 '나답게' 살아가는 삶.
그런 삶을 향한 문은 이미 우리들 눈앞에 열려 있다.

우리 마음의 변화는 결코 극적으로 이루어지지 않는다.
작은 변화가 모여 큰 흐름을 만들며 사람의 인생을 바꾸어 간다.

에필로그

당신의 마음에 볕이 들기를

30년 넘게 뇌신경외과 의사로 살면서, 수많은
환자들이 그 **사람** 때문에 겪는 증상들을 지켜봐
왔다. 두통, 어지럼증, 불면증, 컨디션 난조 등.
검사에서는 특별한 이상이 발견되지 않지만, 분명
증상은 존재했다.

이들을 진료하면서 한 가지 확신을 갖게 되었다.
이는 결코 특별한 증상이 아니라는 것.
오히려 현대 사회를 살아가는 우리 대다수가
마주하고 있는 과제였다.

이전에 쓴《바로 행동하는 뇌》라는 책에서는,
좀처럼 행동으로 옮기지 못하고 고민할 때 뇌과학적
관점을 바탕으로 접근하는 것이 좋다고 말했었다.
책을 읽은 많은 독자분들께서 '뇌의 구조를 이해하니
행동이 달라졌다'는 의견을 보내 주셨다.

그 사람 문제 역시 통하는 부분이 있다는 것을
깨달았다. 뇌의 구조를 이해하고 이를 바탕으로
접근한다면 반드시 변화할 수 있다는 것을.
특히 '뇌는 기억하는 것보다 잊는 것을
더 어려워한다'는 특성에 주목했다. 이는 오랜
진화 과정을 거치며 단련된 중요한 기능이다.
위험한 장소와 경계해야 할 상대를 지속적으로
기억하는 것은 생존을 위해 꼭 필요한 능력이었다.

그러나 현대 사회에서는 이 '잊지 못하는 뇌'의
특성이 때로는 무거운 짐이 되기도 한다. 사소한
사건이 오랫동안 마음에 남고, 필요 이상의
경계심이 일상을 지배하게 되며, 이는 몸과
마음에 큰 영향을 끼친다.

진찰실에서 만나는 환자분들은 보통 이렇게
말씀하시곤 한다.

신경 쓰지 말라고 이야기들 하지만….
잊을 수 있다면 얼마나 좋을까요.
제 마음이 약한 걸까요?

결코 그렇지 않다.
뇌가 반응하는 것은 일반적인 현상이다. 반응에
적절히 대응하는 방법을 찾아내는 것이 중요하다.

진찰실에서의 대화는 언제나 비슷한 흐름을
보인다. 처음에는 반신반의하는 표정으로 "정말
바뀔 수 있을까요?"라고 묻던 환자분도 호흡을
의식하는 방법부터 시작하여 점차 자신의 마음을
알아차리는 습관을 기르게 되었다.

그러다 어느 날, "선생님, 최근에 알게 되었어요."
라며 밝은 미소를 지어 보이곤 했다.

그 변화는 결코 극적인 것이 아니며, 매일의 작은
깨달음이 쌓이고 쌓여 이루어진 결과이다.

지하철에서의 풍경이 더 선명하게 보이기 시작했어요.
동료의 말이 예전처럼 신경 쓰이지 않게 되었어요.
밤에 조용한 방에서 심호흡하는 시간이 좋아졌어요.
혼자 있는 것이 무섭지 않게 되었어요.

이처럼 작은 변화 하나하나가 큰 흐름을 만들며
사람의 인생을 바꾸어 간다.
의료계에서 오랫동안 일하면서 그런 모습을
수없이 목격해 왔다. 그리고 이 변화의 가능성을
더 많은 이들에게 알리고 싶어 이 책을 쓰게 되었다.

인생에는 때로 그 **사람**이라는 골칫거리가 나타난다.
하지만 그에게 휘둘리며 살지 않아도 된다.
우리의 뇌는 온전히 우리들만의 것이므로.
다른 누군가로 인한 스트레스로 머릿속을 가득
채울 필요는 없다. 뇌에 대한 이해와 적절한
접근법을 알게 된다면, 반드시 길은 열릴 것이다.

> 이 책이 새로운 한 걸음을
> 이끄는 이정표가 되길 바라며
> 스가와라 미치히토

역자 후기
머릿속에서 그 사람을
지울 수 있을까?

불볕더위가 이어지던 올해의 여름은 내내 그 사람과
함께 지냈다. 더운 어느 날, 우연히 만난 그 사람.

그 사람은 이른 아침에도 불쑥 나타났고 땀 흐르는
낮에는 물론, 밤에 잠자리에 들 때도 떠오를 정도였다.
그렇지만 어떤 의미에서는 그 사람 덕택에 더위를
잊기도 했다.

여기서 '그 사람'이란 일본의 뇌신경외과 전문의사인
스가와라 미치히토가 자신의 책에서 지칭한 사람이다.

살아가면서 나를 무시하거나 통제하려 드는 사람을
한 번씩은 만나 보았을 것이다. 이 책의 저자는 바로 그런
사람을 '그 사람'이라고 칭하며 어떻게 하면 그를 머릿속에서
없어지게 할 수 있을지 고민한다. 그리고 과학적인 근거에
기반하여 구체적인 테크닉을 실천할 것을 제안한다.

한때는 신경 쓰이고 불편해서 도무지 머릿속에서
떼 놓을 수 없던 그 사람이 내게도 분명 있었다.
나는 맞서서 직면하려 들기보다 도망치기 급급했다.

불편하고 거북한 그 사람이 머릿속에 들러붙어 있었을 때, 편도체가 그를 위험한 존재로 인식하고 경계 신호를 보내던 것임을 미리 알았더라면 참 좋았을 텐데.

힘들 때마다 심리학 분야 책들을 두루 읽으면서 공감하고 위로받아 온 나로서는, 이 책 또한 비슷한 접근을 담고 있을 것이라 생각했다.

하지만 책을 읽어갈수록 뇌의 구조, 그중에서도 특히 편도체의 역할을 이해하고, 자꾸 떠오르는 그 사람 생각에 어떻게 대처할 수 있을지 과학적으로 고찰하는 방식에 끌리게 되었다. 힘든 마음에 고개를 끄덕이며 공감해 주는 접근도 중요하지만, 과학적 근거를 바탕으로 마음의 메커니즘을 이해해야 효율적으로 문제를 해결할 수 있다는 사실을 깨달았다. 그야말로, 그 사람과 무더운 여름을 함께 보내며 얻은 올 여름 최고의 선물이라 할 수 있겠다.

2025년, 여름의 끝에서
권인옥